新统编教材配套名著

全程指导

· 扫除字句障碍 · 扫除理解障碍 · 扫除感悟障碍 ·

国际安徒生
儿童文学奖得主

曹文轩

鼎力推荐

中华美德故事

林向楠/编

吉林文史出版社
JILINWENSHICHUBANSHE

图书在版编目（CIP）数据

中华美德故事 / 林向楠编 . –– 长春 : 吉林文史出版社 , 2018.4
ISBN 978-7-5472-4720-4

Ⅰ . ①中… Ⅱ . ①林… Ⅲ . ①品德教育－中国－青少年读物
Ⅳ . ① D432.62

中国版本图书馆 CIP 数据核字 (2017) 第 307445 号

中华美德故事
ZHONGHUA MEIDE GUSHI

出 版 人	孙建军	
编 者	林向楠	
责任编辑	于 涉 董 芳	
责任校对	王 扬 李 萌 薛 雨	
排版制作	文贤阁	
出版发行	吉林文史出版社有限责任公司（长春市人民大街 4646 号）	
	www.jlws.com.cn	
印 刷	北京富达印务有限公司	
版 次	2018 年 4 月第 1 版　2018 年 4 月第 1 次印刷	
开 本	710mm×1000mm　　16 开	
字 数	140 千	
印 张	12	
书 号	ISBN 978-7-5472-4720-4	
定 价	22.80 元	

苏联教育家苏霍姆林斯基曾说过："让孩子变聪明的方法，不是补课，不是增加作业量，而是阅读、阅读、再阅读。"

如果说文化是人类的一份精神遗产，那么阅读就是开启这份遗产的金钥匙。在这份美好的感情和灿烂的文明沃土上，优秀的文学名著传达着人类对生命、对历史、对未来的憧憬和思考，其闪耀的智慧穿越古今中外，经过岁月的磨砺，升华成今天的经典。阅读美好的有价值的文学名著，是了解社会、认知自我的有效途径。

让我们一起日不间断地阅读《论语》《诗经》，阅读《红楼梦》，阅读《雾都孤儿》，阅读《安徒生童话》……我们也许会因为书中一段华丽的诗句而心神激扬，也许会为某个主人公的坎坷遭遇而落泪……任思绪随着书中动人的故事飘飞。阅读的过程就是励志、炼心、启智的过程，是水滴石穿、绳锯木断的过程。长此以往，我们积累的是知识，培养的是情感，塑造的是品格，净化的是灵魂……

这套"新统编教材配套名著"兼顾各年龄段读者诵读古诗文、现代文学作品，以及外国文学作品等的阅读习惯，设置了知识链接、专家解疑、智慧引路、名家导读、哲理名言、名师点拨、好词好句、阅读思考、名家品评、重点测试等栏目，增加了读者的阅读乐趣。

做人当立天地间

在中华五千年波澜壮阔的历史长河中，涌现出很多正气凛然、志向高远的仁人志士，他们有着高尚的情操和泰山压顶不弯腰的英雄气概。大禹治水而忘家、苏武北海牧羊不变节、董宣宁死不磕头、陶潜不为五斗米折腰、海瑞为民犯颜直谏等等，这些英雄人物以他们高尚的品德、不屈的气节让后人永远记住了他们。这些故事发生在何时？又是在什么情况下发生以及如何发展的呢？

大禹治水而忘家

尧统治时期，发生了水患，百姓受到了很大伤害。尧命令鲧【**专家解题：**古人名，传说是禹的父亲。】去治埋。鲧虽然很有才干，但他对治水一窍不通。9 年过去了，水患依然没有减轻。舜登基后，任命鲧的儿子禹代替鲧去治理水患。

毛遂却说："我之所以没有显露出来，是因为您根本没有把我放在口袋里。"平原君听了他说的话，觉得他谈吐不凡，很有胆量，于是就同意让他跟着去了。

♪ 好词好句

谈吐不凡

* 我之所以没有显露出来，是因为您根本没有把我放在口袋里。

名师导读

名家引路，撷取文章精华，提炼中心思想。

专家解疑

专家智慧解答，排开疑难，扫除阅读障碍。

好词好句

内涵丰富的好词佳句，一扫平淡，扩大知识面，轻松掌握语文知识中字词句的要义。

畅读经典文学名著，启迪智慧，唤醒心灵
轻松提升语文水平，素质阅读，拓展思维

北海一无住处，二无粮食，环境十分艰苦。苏武饿得没有办法的时候，就掘开野鼠洞，拿洞里的草籽来充饥。他一面牧羊，一面天天抚弄着汉武帝亲手交给他的使节，相信总会有那么一天，能够拿着使节，回到汉朝。【名师点拨：总有一天能够再回到汉朝是支撑苏武坚持下去的强大信念，表现出苏武强烈的爱国之心。】

吕蒙正仍然不为旧事辩解，也不乘机发泄被误解的委屈，只是一笑而已。连太宗皇帝也十分佩服他的肚量，曾私下赞叹："蒙正气量，我不如也。"【智慧引路：吕蒙正胸襟宽广，连太宗皇帝都十分佩服。我们为人处世也要有这种宽广的胸襟，这样人生之路才会越走越宽。】

可是皇上没有决心，使我的心血付诸东流。机不可失，时不再来。

🔖 哲理名言
机不可失，时不再来。

◢ 名家品评

《论语·子罕》中言道："三军可夺帅也，匹夫不可夺志也。"

✦ 阅读思考

1. 大禹治水三过家门而不入，体现了大禹什么精神？

名师点拨
优秀名师领航，荟萃知识要点，轻松掌握重点、难点。

智慧引路
开启智慧的法门，引领前行，深入思考。

哲理名言
一句名言可以影响人的一生。

名家品评
名家点评，深层解读，全面提升学生理解能力与思悟能力。

阅读思考
根据内容提出探索性问题，强化对文章内容的理解。

I

身修而后家齐，家齐而后国治。
——《礼记·大学》

II

夫仁义礼智信五常之道，王者所当修饬
也。五者修饬，故受天之佑，而享鬼神之灵，
德施于方外，延及群生也。
——《汉书·董仲舒传》

本书文学地位

III

孝悌忠信礼义廉耻是民族的魂魄。每个人必须植根于
祖国的孝悌忠信礼义的土壤里。
——俄国十九世纪批判现实主义作家 屠格涅夫

IV

建筑人格长城的基础就是道德。
——中国教育家 陶行知

知识链接

作品速览

《苏武北海牧羊》

天汉元年，苏武以中郎将的身份奉汉武帝之命持使节护送扣留在汉的匈奴使者回国，并携带大量礼物赠送匈奴首领单于。没想到在即将返回时却被扣留。单于多次威胁利诱苏武，想要迫使其投降，但苏武坚决拒绝。苏武被流放到北海（今贝加尔湖）边牧羊。单于扬言要公羊生子之时，才释放苏武回国。苏武依旧不肯屈服，他历尽艰辛，留居匈奴十几年，始终持节不屈，表现了高尚的节操。

《不为五斗米折腰》

东晋末至南朝宋初期，大诗人陶渊明在家乡浔阳柴桑过着隐居生活。为了谋生，他来到彭泽当了彭泽百姓的父母官。工作上，陶渊明尽职尽责，努力为当地百姓服务。郡里派了一名督邮到彭泽视察。手下人劝陶渊明穿戴官服迎接督邮，可陶渊明不愿意趋炎附势，更讨厌官场这套阿谀奉承的风气，因此，他决定辞去县令一职，重新隐居山林，表现了高洁的情操。

《班超投笔从戎》

班超起初跟着父亲（史学家班固）学习写文章，整理史料，但在知道北方的匈奴经常到汉朝边界侵犯居民后，十分愤怒，决定弃笔从戎。班超奉大将窦固之命出使西域，去结交西域各方势力。在三十多年的时间里，班超平定了西域五十多个地方势力，为西域回归、促进民族融合做出了巨大贡献。

《表真心负荆请罪》

战功赫赫的赵国大将廉颇对职位在他之上的蔺相如很有意见。他认为蔺相如不过是凭着三寸不烂之舌侥幸获得了成功，而自己却出生入死为赵国立下了汗马功劳。如今蔺相如的位置竟然在自己之上，这让他十分气愤，他决定给蔺相如"颜色"看看。蔺相如知道廉颇的想法后，采取了忍让的对策，尽量避免与廉颇碰面。蔺相如的手下无法忍受蔺相如的"软弱"，他们前去诘问蔺相如。蔺相如将自己内心的真实想法告诉了他们，这些人终于理解了主人的做法，并被主人的这种高风亮节所打动。廉颇知道了这些情况后，认识到了自己的错误，并为自己的狭隘感到羞愧。他脱去上衣，背着荆条，让宾客在前引路，来到蔺相如住处，给蔺相如赔礼道歉。二人重归于好，留下了一段将相和的美谈。

艺术特色 ◆❖◆━━━

这部《中华美德故事》是以讲故事的形式展现传统美德，因此具有故事类书籍的典型特点，比如，情节性强，人物形象突出等。拿《毛遂自荐立奇功》来说，毛遂从一个不起眼的门客到自荐成为使臣，再到他舌战楚王，最终说服楚王同意出兵援赵。在这个过程中，故事情节跌宕起伏，环环相扣，而且都围绕着一个中心来进行，情节性特别强。人物形象也在这个情节跌宕起伏的故事中，得到了树立和强化。

另外，本书有较强的趣味性，每个故事发生的年代背景和所涉及人物、事件各有不同，因此，每个故事都有较强的新鲜感，也因此有了不同的趣味性。在编著的过程中，编著者极力求其"真"，在尊重史实的前提下，用生动活泼的语言讲述一个个感人的故事，尽力让其"趣"得到较大的呈现。

▌精彩篇章 ◆◇◆━━

在这部《中华美德故事》中，有一些篇章十分精彩，其中的故事情节和人物早已经家喻户晓，老幼皆知，比如大禹治水、苏武北海牧羊、屈原忧国忧民、祖逖闻鸡起舞、周处改过自新、许衡不食无主之梨、管鲍之交、伯牙摔琴祭知音等等，而且其中的一些经典故事情节已经衍化成成语或固定短语，比如毛遂自荐、投笔从戎、负荆请罪、管鲍之交、悬梁刺股、囊萤映雪等。这些精彩篇章无疑增加了这部美德故事汇编的厚重感和价值性。

▌主角秀场 ◆◇◆━━

>> 大 禹

大禹即禹，字（高）密，史称大禹、帝禹，为夏后氏首领、夏朝的开国君主，因此也被称为夏禹。禹是我国古代传说中与尧、舜齐名的贤圣帝王。他最卓著的功绩就是治理滔天洪水，将受害的百姓解救出来。水患平息之后，他又在全国划定九州，造福于人民。

>> 海 瑞

海瑞，字汝贤，号刚峰，广东琼山人，是我国明代著名的清官。他一生刚正不阿，两袖清风。在任淳安知县时，海瑞关心百姓疾苦，敢于与当朝权贵斗争，把淳安治理得秩序井然。为了百姓疾苦，他冒死上书；为了治理侵田的歪风，他毅然拿退职宰相"开刀"，以儆效尤；为了惩治贪官污吏，他经常微服私访，令那些贪官污吏胆战心惊。

>> 廉 颇

廉颇，战国末期赵国的名将。秦国为了扩大势力范围，曾派兵多次攻打赵国，廉颇统领赵军屡败秦军。公元前 283 年，廉颇又带领赵军长驱直入齐国境内。班师回朝后，廉颇被赵王拜为上卿。在被拜为上卿之前，廉颇和朝中大臣蔺相如之间产生了隔阂。他十分气恼蔺相如的位置在自己之上，认为自己的功劳要远远高于蔺相如。在知道是自己不对后，廉颇放下架子，负荆请罪。

>> 李时珍

李时珍，我国明代医药学家，字东璧，号濒湖，自号濒湖山人，湖北蕲春县人。李时珍出身于医生世家，自幼热爱医学，23 岁开始随父亲学医。李时珍重视实践，自 1565 年起，先后到武当山、庐山、茅山、牛首山及湖广、安徽、河南、河北等地收集药物标本和处方，并拜多名民间能人为师。他参考几百本历代医药等方面书籍，弄清了许多疑难问题，最终，从几百万字的笔记中整理出一百多万字的医学巨著——《本草纲目》，成为我国最著名的医药学家之一。

▌作品影响 ❖⋯⋯

概括来讲，中华美德是我国历史流传下来，具有影响，可以继承，并得到不断创新发展，有益于后代的宝贵遗产，是中华民族优秀的道德品质、优良的民族精神、崇高的民族气节、高尚的民族情感以及良好的民族习惯的总和。

中华美德可以说是人们多年来处理人际关系、人与社会关系和人与自然关系实践的结晶。一直以来，它是人们道德行为的准则，文明与否的标尺。它正确反映了人类社会发展的客观要求。

这部《中华美德故事》集中展现了中华民族历史上诸多具有代表性的美德。这些具有代表性的美德熠熠生辉，是中华民族精神形成的基础，曾深深影响了一代又一代人，是中华民族文化宝库中不可或缺的组成部分。

目录

|Contents|

做人当立天地间

在中华五千年波澜壮阔的历史长河中，涌现出很多正气凛然、志向高远的仁人志士，他们有着高尚的情操和泰山压顶不弯腰的英雄气概。大禹治水而忘家、苏武北海牧羊不变节、董宣宁死不磕头、陶潜不为五斗米折腰、海瑞为民犯颜直谏等等，这些英雄人物以他们高尚的品德、不屈的气节让后人永远记住了他们。这些故事发生在何时？又是在什么情况下发生以及如何发展的呢？

大禹治水而忘家

尧统治时期，发生了水患，百姓受到了很大伤害。尧命令**鲧**【**专家**解疑：古人名，传说是禹的父亲。】去治理。鲧虽然很有才干，但他对治水一窍不通。9年过去了，水患依然没有减轻。舜登基后，任命鲧的儿子禹代替鲧去治理水患。

禹并没有因困难而退缩，他注意汲取前人特别是父亲治水的经验与教训，先四处考察，摸清了每条河流特别是黄河的变化习性，再针对每条河流的具体情况，制定了以疏通河道为主的治理措施。

在大禹的正确领导之下，水患泛滥的局面得到了有效的控制，人们的生命财产有了保障。禹和人们一起劳动，戴着箬帽【**专家解疑**：箬竹的篾或叶子制成的帽子，用来遮雨和遮阳光。】，拿着锹，带头挖土、挑土。他的手上磨起了厚实的老茧，腿上磨去了汗毛，但仍不停地工作。

经过13年的努力，禹带领人们终于把洪水引到大海里去，地面上又可以种庄稼了。

为了治水，禹在全国四处奔波，他多次经过自己的家门，都因为太忙而没有进去。有一次，他的妻子涂山氏生下了儿子启，婴儿正在哇哇地哭。禹在门外经过，听见了孩子的哭声，但他狠下心没进去探望。

在治理洪水的时候，禹的足迹遍及了全国。他为了方便治理，把全国分为九个州，分别是冀州、青州、徐州、兖州、扬州、荆州、豫州、梁州和雍州。

禹划分了各个州的地理位置，并仔细调查各州的土壤情况和生产情况。九州的划分对统一全国有很大的好处，从此"九州"就成为中国的代名词。

为了将水患彻底治理，禹还带头开凿了九大山脉的道路，疏通了九条河流，天下重新回到太平时代。由于水患被彻底治理，禹树立了自己的威望。舜特地赏赐给他黑色的珪玉，并昭告天下洪水终于被治理好了。【**名师点拨**：禹的最大功绩就是治理了水患，让百姓重新回归往日正常的生活，这里再一次突出了禹的功绩。】

因为禹治水有功，所以人们都尊称他为"大禹"，感谢他把人们从水患当中解救出来。

禹不但没有骄傲，反而更加谦虚谨慎，把全部精力都投入到为百姓造福上面。舜觉得禹是个了不起的贤人，而且又立了那么大的功劳，就把王位禅让给了他。

毛遂自荐立奇功

战国时期，在各国互相争斗的形势下出现了著名的四公子。他们是齐国的孟尝君、赵国的平原君、魏国的信陵君和楚国的春申君。这四人家境殷实，门第【**专家解疑**：指整个家族的社会地位和家庭成员的文化程度等。】显赫，在各国以养士著称。

这一时期，各诸侯国为了争夺霸主的地位，互相侵略和兼并【**专家解疑**：把别的国家的领土并入自己的国家，或把别人的产业并为己有。】。在战争和交际上，各国都很讲究计谋和策略，于是有很多为官的人四处寻觅能人异士。他们高薪任用这些有着特殊才能的人，将他们豢养在家里，供他们吃穿和日常的开销。当主人需要他们的时候，他们要积极踊跃地献计献策，帮主人应付危机，解决问题。

平原君是战国时期著名的四公子之一。他豢养了很多的门客，据说他所豢养的门客有数千人之多。这些门客都是些有本领和才能的人。其中有一个门客叫毛遂，他的身份非常低微，平日里也不喜欢自吹自擂显示自己的才华，只是默默无闻地埋没于众多的门客之中，所以大家都不知道他。【名师点拨：采取欲扬先抑的手法，为后文毛遂的自荐埋下伏笔。】

　　这一时期，秦国越来越强大，为争夺霸主的地位开始了它的侵略计划。在赵惠王统治时期，秦国的国君要发兵围攻赵国。

　　赵惠王面对强大的秦兵，担心抵挡不了，就请平原君到楚国搬救兵，一起抵御秦国的侵略。但是平原君知道，楚国为了自保，肯定不会轻易答应出兵救援赵国，因此去楚国搬救兵的难度很大。于是，平原君打算带20个门客去说服楚王。

　　平原君心想，万一谈不成功，楚王不肯出兵救援赵国，他就用武力强迫楚王同意。但是，平原君临走前选择门客的时候，左挑右选只选了19位合适的门客，正好缺一个人。就在这时，毛遂自告奋勇地说："听说先生将要到楚国去签订合纵条约，我认为自己符合去楚国的条件，请带我去吧。"

　　平原君看了看他说："我听人家说，有才能的人就像口袋里的锥子一样，很快就会磨破口袋显露出来。但是你在我这已经这么久了，大家都不知

道你能干什么，可见你的才能很一般。这次的任务重大而又艰巨，我看这次你就别去了。"

毛遂却说："我之所以没有显露出来，是因为您根本没有把我放在口袋里。"平原君听了他说的话，觉得他谈吐不凡，很有胆量，于是就同意让他跟着去了。

刚到楚国，平原君的门客们还是很看不起毛遂，觉得他自不量力。但是后来他们看到毛遂与楚王谈判时，说话很有分寸，就渐渐地对毛遂产生了好感。

谈判了两三天，却没有谈出什么结果，楚王仍没有出兵救赵的意思。就在双方僵持不下的时候，毛遂大踏步跨上台阶，对楚王大声说道："出兵的事非利即害，非害即利，简单而又明白，为何议而不成？"

楚王听了，十分生气，就问平原君："此人是谁？"平原君如实答道："是我的一个门客，叫毛遂。"

楚王喝道："我在和你的主人说话，哪有你说话的份儿，赶紧退下去！"

毛遂见状手按宝剑，说道："**如今十步之内，大王的性命在我手中！**"【**名师点拨**：毛遂审时度势说出这句话，表现了他的睿智和胆量。】

楚王见毛遂**剑拔弩张**【**专家解疑**：形容形势紧张，一触即发。】的样子，知道是实情，又见毛遂这么勇敢，就没有再呵斥他，并让他把

🔍 **好词好句**

谈吐不凡

＊ 我之所以没有显露出来，是因为您根本没有把我放在口袋里。

话讲完。

于是，毛遂就把出兵援赵之事的利害关系做了精辟的分析。楚王听后，觉得毛遂的分析非常有道理，就答应出兵援赵，并正式签订了条约。

这样，赵、楚两国联合起来一起对抗秦国，秦王见赵、楚两国联合起来，不易取胜，就下令撤兵了。

通过这件事，毛遂得到了平原君和其他门客的尊重，一举成为平原君府上最有名的门客之一。

苏武北海牧羊

西汉统治中原的时候，北方匈奴经常骚扰边境地区。经过几次大的反攻，匈奴被打败了。但匈奴的野心不死，为保存实力，匈奴首领单于几次派使者去汉朝求和，还把以前扣留的汉朝使者放了回来。汉武帝很高兴，便于天汉元年派大臣苏武以中郎将的身份带了大批礼物出使匈奴。

临行前，汉武帝亲手交给苏武一根"使节"。使节是一根七八寸长的棍子，顶部挂着一串毛做的绒球，是用来表示使者身份的。

苏武一行人晓行夜宿，历尽千辛万苦，到达匈奴，圆满地完成了任务。谁料就在即将返回之际，却出了一件意外的事情。匈奴内部发生政变，苏武、张胜，还有随员常惠等被关押了起来。

单于为了收服苏武，命令汉朝的叛徒卫律审问苏武。苏武一见卫律这个叛徒，怒不可遏，痛斥其丑恶嘴脸。他坚定地说："**我是汉朝的使者，如果丧失了气节，使国家受到耻辱，活下去还有什么脸面去见人呢？**"【**名师点拨**：这句话体现了苏武作为大汉朝一名堂堂使臣的气度，同时也表现出他宁死不屈的气节。】说着，他拔出佩刀朝自己身上猛刺。顿时，血流如注，昏倒在地。卫律大吃一惊，如果苏武这样死去，他怎么向单于交差呢？于是立即叫来医官医治苏武，又把实情向单于做了汇报。

单于看苏武这样坚定，更加希望苏武投降了。他又想出了更阴险、更毒辣的办法。他叫人把苏武关在一个大地窖里，不给吃的、喝的，想用寒冷和饥饿迫使苏武屈服。不久，又把他流放到北海（即今贝加尔湖）边放羊，并对他说："等公羊生了小羊，再送你回汉朝去。"公羊怎么能生小羊呢？这明摆着是单于故意刁难苏武。

北海一无住处，二无粮食，环境十分艰苦。苏武饿得没有办法的时候，就掘开野鼠洞，拿洞里的草籽来充饥。**他一面牧羊，一面天天抚弄着汉武帝亲手交给他的使节，相信总会有那么一天，能够拿着使节，回到汉朝。**【**名师点拨**：总有一天能够再回到汉朝是支撑苏武坚持下去的强大信念，表现出苏武强烈的爱国之心。】

日子久了，使节上的绒毛逐渐脱落了，成了一根光秃秃的棍子。但苏武一直将它握在手里，连睡觉的时候，也紧紧地抱在胸前。

一次大雪过后，苏武拿着使节正在牧羊，忽然来了一位年轻的匈奴官员，带着随员，拿着羊肉美酒。苏武定睛一看，原来是汉朝投降匈

7

奴的将军李陵，在汉朝朝堂他俩曾非常要好。苏武出使【**专家解疑**：接受外交使命到外国去。】匈奴的第二年，李陵受到匈奴的围困，投降了匈奴。单于知道他是苏武的好朋友，便叫他去劝苏武投降。

李陵摆出酒食，与苏武边吃边谈。李陵诚恳地对苏武说："你走后，伯母大人死了，你的哥哥因犯了罪服毒自杀了，你的妻子也改了嫁。你受了这么大的折磨，不如投降算了，我们兄弟俩可以在此合作共事。我可以在单于面前许你高官厚禄。"

听了李陵的话，苏武斩钉截铁地说："我是汉人，我不能背叛汉朝廷，就是把刀搁在我的脖子上，我也是这句话。如果你一定要逼着我投降匈奴，我就死在这里……"说罢，就要拔刀自刎。

李陵连忙抱住他，流着眼泪说："唉，你真是一位有正气的人啊，相比之下，我和卫律罪该万死啊！"说完，他痛哭流涕地离开了那里。从此以后，再没有人来劝降苏武。苏武继续独自一人在北海牧羊，过着非人的生活。这样时间过了19年。

后来，匈奴内部又发生了内乱，没有力量再跟汉朝打仗，又不得不派使者去汉朝求和。此时，汉朝汉昭帝已经即位，他也派使者到匈奴去，要单于把苏武放回汉朝。

大诗人李白曾写了《苏武》一诗来颂扬苏武持节不屈的精神。诗作是这样的：苏武在匈奴，十年持汉节。白雁上林飞，空传一书札

🔍 好词好句

痛哭流涕

＊我是汉人，我不能背叛汉朝廷，就是把刀搁在我的脖子上，我也是这句话。

【**专家解疑**：书信。】。牧羊边地苦，落日归心绝。渴饮月窟冰，饥餐天上雪。东还沙塞远，北怆河梁别。泣把李陵衣，相看泪成血。

苏武出使匈奴时，不过40岁，回汉朝时，头发、胡须已经全白了。长安城老百姓热烈迎接苏武，人们到处颂扬他刚直不阿。

司马迁著《史记》

司马迁是我国西汉时期的大文学家和历史学家，他的父亲是西汉一位很有学问的**史官**【**专家解疑**：古代朝廷中专门负责整理编撰前朝史料史书和搜集记录本朝史实的官。】。司马迁从小就跟父亲来到长安，10岁开始攻读古文，学习非常刻苦。

20岁后，司马迁漫游大江南北，分别到过长城、渡过黄河、登过泰山、经过长江等地，一路上采集民间传说，考察文物古迹，搜集历史资料。这些活动大大地丰富了他各方面的知识。

司马迁漫游回来后，当了一名小官。不久他父亲病危，临去世前，拉着司马迁的手说："我们家世世代代都做史官，你将来也会接替这个职务。我早就想写一部通史，但这个愿望实现不了！你一定要继承我的事业，千万不要忘记啊！"

司马迁坚定地回答说："我虽然没什么才能，但我一定会实现您的愿望！"【**名师点拨**：这句话表明司马迁决心继承父亲的遗志，写一部通史。这为后文写《史记》埋下伏笔。】

后来，司马迁当了史官，他如饥似渴地阅读皇家图书馆里的藏书、档案，整理和考证历史资料。那时的文字都是刻在木简上或写在丝绢上，有时一部书就要堆满一间屋子，读书是很不容易的。41 岁那年，他开始写《史记》。

6 年后，司马迁因直率地发表自己的看法，得罪了皇帝，被送进监狱。他在狱中身体受到严重摧残，曾产生过自杀的念头，但是他又觉得："**人固有一死，或重于泰山，或轻于鸿毛。**"如果就这样轻易死去，《史记》由谁来完成呢？他决心活下去，一定要把《史记》写完！

50 岁那年，司马迁被释放出狱。他更加奋发，把全部心血都倾注到写《史记》中去。他用了 14 年的时间，终于写成了这部五十多万字的著作。

《史记》是我国第一部纪传体通史，一共写了三千多年的历史，其中有揭露帝王恶行的文章，也有歌颂农民起义的故事。这是司马迁用毕生的精力，艰苦的劳动，写出的一部永远闪耀着光辉的伟大著作。

董宣宁死不磕头

汉光武帝刘秀建立东汉王朝以后，吸取西汉政权王莽统治被推翻的教训，采取了一些措施，休养生息，恢复社会生产。先后 9 次颁布关于释放奴婢和禁止残害奴婢的命令，并多次下诏减轻人民的租税和

📖 哲理名言

人固有一死，或重于泰山，或轻于鸿毛。

徭役，还大赦【**专家解疑**：赦免的一种。以国家命令的方式对某个时期的特定罪犯或一般罪犯免除全部或部分刑罚。】天下、兴修水利、裁撤冗员等，这些措施有利于社会秩序的安定，缓和了社会矛盾，同时促进了社会经济的恢复和发展，这段时期史称"光武中兴"。汉光武帝颁布了许多法令，以维护和巩固自己的统治，但这些法令仅仅对老百姓有用，对皇亲国戚就不起作用了。光武帝的大姐姐湖阳公主，就仗着弟弟做皇帝，骄横异常，随心所欲，目无法纪，甚至她家的奴仆也不把朝廷的法令放在眼里，为非作歹，胡作非为。周围的人和许多官员都怕她，小心翼翼地去逢迎她、巴结她。

那时候，有一个洛阳令，名叫董宣，生性刚直，对皇亲国戚的骄横不法非常不满。**他认为皇亲国戚犯法，应当同百姓一样治罪，而不能有什么特殊。他虽然官职不大，但刚直不阿，宁死不向权贵屈服让步。**

【**名师点拨**：董宣的这个主张是他刚直不阿性格的体现。这个主张为他后来的行为做了铺垫。】

湖阳公主有个管家，一贯狗仗人势，横行霸道，一次竟敢在光天化日之下无故杀人。这还了得！董宣当下吩咐部下去抓。可是这家伙却躲在公主府里不出来，而洛阳令只不过是一个小小的官职，哪能擅自进入侯门，更不用说要进去抓人了。

董宣平时就听说湖阳公主的厉害，知道事情很难办，但董宣决不罢休，等待时机，一定要为死者鸣冤叫屈。董宣也着实费了不少心思，叫人整天守在公主府门口，并派人收买公主府中的奴仆，打探公主的行踪。终于，机会来了。

一天，董宣得知湖阳公主要出游，而且那个杀人凶手也会跟着出来。于是早早地等候在路上。果然，远处一队仪仗车马奔夏口亭而来，很威风，原来是湖阳公主乘车来了，那个家奴也坐在车里。等公主的车马一到，董宣便仗着剑，跑上前去，拦住马头，并且以刀划地。

湖阳公主见停了车，便询问出了什么事，驭者说是洛阳令董宣拦阻马车。湖阳公主见一个小小的县令敢拦她的车驾，怒问道："大胆董宣，为何拦阻我的车驾？你知道你犯了什么罪吗？"董宣闻言，气不打一处来，当着公主的面，说她的管家犯了杀人死罪，现在就得逮捕依法惩办。

公主大怒，不仅拒绝交出她那个管家，反而责骂董宣无礼。董宣责备公主不该放纵家奴杀人犯法，并且大声呵斥那个杀人凶手，喝令那个管家下车。那个管家下车后，被董宣当场依法处决。周围围观的人很多，都感到董宣为百姓出了口气。

湖阳公主哪里受过这般气，小小县令竟敢当着自己的面处死自己的家奴，真是又羞又气、又急又恼，急忙命令驭者驾车径直朝皇宫奔去，向光武帝告御状。

光武帝一听董宣这样不讲情面，把自己姐姐气成这样，大怒，立即下诏令董宣上殿面圣，要把董宣当着姐姐的面"箠杀之"。"箠杀之"就是用竹板条打死。

董宣知道自己闯了大祸，但他并没有被吓倒。他上得殿来，镇定自如，从容地走到光武帝面前，说："陛下【**专家解疑**：对君主的尊称。】要打死我，我毫无怨言，不过临死前要让我把话说清楚，这样我死也瞑目！"光武帝仍在气头上，怒气冲冲地说："大胆狂徒，竟敢对公主这般无礼，你有什么说的，快说！"

董宣慷慨激昂地说："**陛下向来以德为本，圣德贤明，励精图治，使汉室得以中兴。可是皇姐纵容家奴随便杀害平民百姓，百姓不满，天理难容！如此无视国法，而陛下却千方百计予以包庇，这不是纵容犯罪吗？陛下将凭什么治理天下呢？我忠心为国为民，没有罪过，不能受刑，请陛下允许我自杀！**"【**名师点拨**：这番话义正词严，大义凛然，并且还从汉武帝的角度出发阐明事理，表现了董宣的正气和无畏无惧的精神。】说完便昂头向盘龙柱碰去，顿时鲜血四溅，血污满面。

光武帝刘秀没想到董宣这样刚直，急忙叫太监把董宣抱住。细想董宣的一番话，觉得自己处理不当，不应当责怪董宣这样忠心耿耿的官员。沉吟半晌，想赦免董宣，但又感到有损皇姐的面子。于是想叫董宣向湖阳公主叩头道歉，双方体面地了结此事，便说："我念你一腔正气，饶你一死，还不快快向公主谢罪？"并用眼神向董宣暗示。

可董宣是个威武不屈的硬汉子，坚决不肯向公主叩头谢罪。光武帝左右为难，只好命令两个太监将董宣按倒，强使他叩头，求公主开恩。可是董宣说什么也不愿叩头，用双手死死地撑着地，挺着脖子，不肯低头，其势恰如"卧虎"。**后来京都百姓称他为京都"卧虎"，因而董**

宣也叫"卧虎令"。【**名师点拨**："卧虎令"的绰号表现了京都百姓对董宣不畏强权、坚持原则精神的颂扬。】

湖阳公主见董宣如此倔强，更加觉得自己丢了面子，很生气。就用话来刺激光武帝说："文叔，当初你是平民百姓时，就敢隐匿和庇护犯死罪的人，官吏谁敢进家门抓人。现在你当皇帝可好，贵为**天子**【**专家解疑**：指国王或皇帝。】，难道就制服不了一个小小的洛阳令？"

光武帝已经被董宣这种刚直不阿的倔强劲头打动了，听了姐姐的一番话，不仅没有发火，反而哈哈大笑，说道："皇姐，你有所不知。我现在当皇帝与过去做百姓时可不同了。那时隐藏犯人，是出于义愤。现在我做了皇帝，就得带头依法办事。还请皇姐多多包涵。"

那两个太监也知道光武帝缓和下来了，并不想把董宣治罪，可又得给三方一个台阶下，便大声说："陛下，董宣的脖子太硬，摁不下去。"

光武帝听了，也只能对湖阳公主笑笑而已，就下令："把这个硬脖子的洛阳令撵【**专家解疑**：驱逐；赶。】出去！"湖阳公主见这情形，也只得作罢。

光武帝十分欣赏董宣的忠贞刚直，就给他一个封号，叫作"强项令"，意思是脖子很硬的县令。同时，赏他 30 万钱，奖励他的刚直。董宣回府后，把这笔钱又分给了他手下办案的人。

从此，董宣更加大胆地执法，敢于同豪强地主、皇亲国戚的不法行为做斗争。地主豪强"莫不震栗"，京师号之为"卧虎"，有歌谣赞曰："抱鼓不鸣董少平"。

李膺勇斗戚宦

东汉和帝以后，**外戚【专家解疑**：指帝王的母亲和妻子方面的亲戚。**】**、宦官专权，使东汉王朝处在崩溃的边缘。从汉和帝起，东汉的皇帝大都是幼年即位。这些皇帝年纪小，不能管理国家大事，只好由皇帝的母亲皇太后临朝执政，皇太后相信娘家人，于是大权就落到了娘家人手里。这种情况历史上称为外戚专权。

皇帝长大了，不甘心自己无权，就依靠自己亲近的宦官，来收拾这些当权的外戚。这样一来，又出来了宦官专权的局面。就这样，东汉后期，不断出现外戚、宦官争权夺利的斗争。

在深重的社会危机面前，一些官僚、士大夫对东汉政权的前途担忧，他们反对外戚、宦官专权，要求改革政治，维护东汉王朝摇摇欲坠的统治。李膺就是桓帝后期反对宦官集团斗争中的著名领袖。

外戚、宦官广树党羽，到处安插亲信，"兄弟姻戚，皆案州临郡"，而且放肆地搜刮百姓、虐害士民，被称之为"与盗贼无异"。这就引起了以李膺为代表的一些正直官员的极大不满。

李膺在早期同宦官集团的斗争中与杜密闻名一时，有"李杜"之称。

🔎 **好词好句**

摇摇欲坠

* 外戚、宦官广树党羽，到处安插亲信，"兄弟姻戚，皆案州临郡"，而且放肆地搜刮百姓、虐害士民，被称之为"与盗贼无异"。

李膺在任河南尹时，隶属于河南尹的宛陵县的大姓羊之君有罪。李膺向皇上呈奏章揭发其罪，羊之君行贿宦官。结果不仅没被治罪，李膺反自坐罪下狱。

公元166年李膺担任了司隶校尉。这个职位的职责是负责纠察京师百官及附近各郡官吏。有人告发大宦官张让的弟弟野王县令张朔贪污勒索、凶残无道，甚至虐杀孕妇。**李膺要查办张朔。张朔知道李膺的厉害，就躲到张让家里的活动柱子里。李膺亲自带领部下到张让家里搜查，破柱取朔，把张朔抓去。**【名师点拨：从这里可以看出李膺不畏强权，敢于同有权势的人斗争。】

张让连忙派人去说情，没想到张朔的脑袋早被砍下来了。张让气得直咬牙，马上到桓帝那儿去告状，可张朔已供认了自己的罪过，皇帝也知道张朔确实有罪，也就不好再难为李膺。

宦官对李膺又恨又怕，不敢走出宫门。皇帝感到奇怪，问其原因，宦官们叩头并哭诉说："怕李校尉。"这样一来，李膺同宦官结下了更大的仇恨。而李膺的名声却越来越大了，一些士大夫们都希望得到李膺的接见。士大夫们如能得到李膺的接见，被认为是莫大的荣誉，被称之为"登龙门"。

太学【专家解疑：我国古代设立在京城的最高学府。】生和郡国生徒也被卷进了这场反对宦官的斗争。当时在都城洛阳的太学，有太学生3万人，是反对宦官斗争的主要阵地。其中以郭泰、贾彪为首，利用太学，讨论朝政、抨击宦官，造成强大的舆论声势，这种风气当时被称之为"清议"。

　　李膺不避权贵，裁治不法，很受"清议"的推崇。在太学诸生中，流传着："天下楷模李元礼，不畏强暴陈仲举，天下俊秀王叔茂。"李元礼就是李膺，可见他在人们心中的地位。

　　公元166年，有一个和宦官来往密切的方士叫张成，他吹牛说善测风向吉凶并预言说数日内就要大赦。实际上他是从宦官侯览那里得到消息。别人不信，他就跟人家打赌，更纵容他的儿子去杀人。李膺马上派人把他的儿子逮捕起来。

　　第二天，大赦的诏书【**专家解疑**：*皇帝颁发的命令。*】果然下来了，张成得意地说："你们看我是不是未卜先知？诏书下来了，不怕司隶校尉不把我儿子放出来。"这话传到李膺耳朵里，李膺十分恼怒。他说："张成预先知道大赦，故意纵子杀人，绝不能赦。"就把张成的儿子砍了头。张成恨得咬牙切齿，要宦官侯览、张让给他报仇。

　　侯览出了一个鬼点子，叫张成的弟子牢修向桓帝告状，诬告李膺："膺等养太学游士、交结诸郡生徒，更相驱驰，共为部党，诽讪朝廷，疑乱风俗。"还附上一份所谓"党人"名单，把跟他们作对的人全写在上面。

　　汉桓帝本来就讨厌那些动不动就批评朝政的读书人，因此，接到牢修的控告后，就通告各郡国，逮捕"党人"，罗列罪名，布告天下。

🔍 好词好句

咬牙切齿

＊ 这话传到李膺耳朵里，李膺十分恼怒。他说："张成预先知道大赦，故意纵子杀人，绝不能赦。"

当时就把李膺等两百多人抓进了监狱，其中包括一些太学生。

被捕的"党人"在监狱里，宦官对他们进行了残酷的折磨，他们的头、颈、手、脚都被上了刑具，叫作"三木"，然后被蒙上头一个接一个地拷打，就这样关了一年多。【名师点拨：宦官如此残害反对他们的人，揭露出他们的残忍和无情，同时也可以看出他们势力很大。】

第二年，有一个颍川人贾彪自告奋勇到洛阳替党人申冤。皇后的父亲窦【专家解疑：①孔；洞。②人体某些器官或组织的内部凹入的部分。③姓。】武和尚书霍也都要求释放党人。同时，李膺在狱中采取以攻为守的办法，故意招了一些宦官的子弟，说他们也是党人。宦官也害怕了，就对桓帝说："现在天时不正常，应当大赦天下。"桓帝就下令把两百多名党人放了，但是不允许他们留在京城里，并通报各地"禁锢"他们终身，就是永远不许他们做官。这也就是历史上所讲的"党锢之祸"。

李膺等虽然遭到镇压，但是他们获得了社会各界广泛的尊重，他们回到乡里，受到乡里士大夫们的隆重欢迎。【名师点拨：李膺的品行让他得到了多数人的敬重。】

公元167年，汉桓帝死后，灵帝即位。灵帝12岁时，由窦太后临朝，外戚窦武为大将军，掌握政权。窦武和太傅陈蕃合作，起用李膺等被禁锢的党人。李膺同其他一些党人被招到朝廷"共参政事"。窦武和陈蕃打算消灭宦官的势力。不料事情泄漏，宦官曹节、王甫发动政变，窦武兵败自杀，陈蕃被害，李膺被削职为民。

宦官得势以后，决计再找机会陷害党人。有个名士张俭曾经告发过宦官侯览，侯览非常恼火。公元169年，侯览就唆使人反过来告发张俭，说他和同乡二十多人结成一党，诽谤朝廷，企图谋反。那时候，有人得到要逮捕党人的消息，慌忙告诉李膺，催他逃跑。**李膺坦然地说："事不辞难，罪不逃刑，臣之节也。我一逃，反倒害了别人，再说，我已经60岁了，死活由他去吧！"**【**名师点拨**：*这段话表现了李膺大义凛然、事不避难、义不逃责的精神风貌。*】于是，李膺就进了监狱，被害死了。

李膺以国家为重、顽强不屈反对宦官的精神，是很值得称赞的。

不为五斗米折腰

公元399年，晋安帝在位的时候，会稽郡【**专家解疑**：*①古代的行政区划，比县小，秦汉以后，郡比县大。②姓。*】一带爆发了孙恩领导的农民起义。过了两年，十几万起义军逼近建康，东晋王朝出动北府兵才把起义镇压下去。

这时候，东晋的统治集团内部又乱了起来，大臣桓温的儿子桓玄占领了长江上游，带兵攻进建康，废了晋安帝，自立为帝。过了三四个月，北府兵将领刘裕打败桓玄，迎接晋安帝复位，从那以后，东晋王朝名存实亡了。

在这个动荡不安的年代里，在浔阳柴桑地方，有一个著名的诗人，名叫陶潜，又叫陶渊明，因为看不惯当时政治腐败，在家乡隐居。陶渊明的曾祖父是东晋名将陶侃，虽然做过大官，但不是士族大地主，到了陶渊明一代，家境已经很贫寒了。

陶渊明从小喜欢读书，不想求官，家里穷得常常揭不开锅，但他还是照样读书作诗，自得其乐。他的家门前有五棵柳树，因此他给自己起了个别号，叫五柳先生。

后来，陶渊明越来越穷了，靠自己耕种田地，无法养活一家老少。亲戚朋友劝他出去谋一官半职，他没有办法只好答应了。当地官府听说陶渊明是个名将后代，又有文才，就推荐他做了个参军。但是没过多少日子，他就看出当时的官员将军互相倾轧【专家解疑：在同一组织中排挤打击不同派系的人。】，心里很厌烦，又要求出去做个地方官。上司就把他派到彭泽（在今江西）当县令。

当时做个县令，官俸是不高的。陶渊明一不会搜刮，二不懂贪污，日子过得并不富裕，但是比起他在柴桑家里过的穷日子，当然要好一些。再说，他觉得留在一个小县城里，没有什么官场应酬，也还比较自在。

有一天，郡里派了一名督邮到彭泽视察。县里的小吏听到这个消息，连忙向陶渊明报告。陶渊明正在他的内室里捻着胡子吟诗，一听到来了督邮，十分扫兴，但没有办法，还得迎接，他勉强放下诗卷，准备跟小吏一起去见督邮。

小吏一看他身上穿的还是便服，吃惊地说："督邮来了，您该换上官服，束上带子去拜见才好，怎么能穿着便服去呢！"

陶渊明向来看不惯那些依官

仗势、作威作福的督邮，一听小吏说还要穿起官服行拜见礼，更受不了这种屈辱。他叹了口气说：**"我可不愿为了这五斗米的官俸，去向那号小人打躬作揖！"**【**名师点拨**：陶渊明不愿意为了他认为世俗的东西而卑躬屈膝，表明了他清高的节操。】

说完，他也不去见督邮了，索性把身上的印绶解下来交给小吏，辞职不干了。

陶渊明回到柴桑老家，觉得这个浑浊动荡的局面跟自己的志趣、理想距离得太远了。从那以后，他下决心隐居过日子，空下来就写诗歌文章，来抒发自己的心情。

冼夫人维护团结

在南北朝时期，居住在岭南一带的少数民族俚族，出了一个很有名的女首领。她的名字现在已经失传了，人们只知道她姓冼，都叫她冼夫人。

冼夫人出生在俚族的一个大家族。她年轻的时候就精明强干，威信很高。那时候，南方少数民族的各部落之间，经常互相攻打，冼夫人总是劝说大家和睦相处，不要以强欺弱。

🔎 **好词好句**

和睦相处

以强欺弱

* 她年轻的时候就精明强干，威信很高。

各部落的人见她办事公道，也都乐意听她的话。后来，冼夫人的名声传到梁朝罗州（今广东花都）刺史冯融的耳朵里。

正好冯融的儿子冯宝还没有娶亲，他就叫人带着丰厚的礼品，到冼家为儿子求婚。冼夫人想嫁给汉人，不但能学到先进的文化技术，而且能加强俚族和汉族人民友好和睦的关系，就痛快地答应下来，没过几天，她就嫁到了冯家。

冯宝当时任高凉太守，冼夫人经常帮助丈夫处理民族间的纠纷。原来高凉一带的俚族首领都不大听汉朝地方官吏的话，有时候还做犯法的事，冼夫人就帮助冯宝约束俚族首领，不许他们乱来，慢慢地俚族首领们也服从汉族地方官吏的管理了。【名师点拨：这里可以看出冼夫人懂事理、明大义的性格特征，这为她以后促进民族团结做了铺垫。】

梁朝末年，江南发生了"侯景之乱"。侯景本是东魏的大臣，后来投降了梁朝。他看出梁朝的统治已经很腐朽，就起了灭梁的野心。公元 548 年，侯景在寿阳（今安徽寿县）发动叛乱，不久就攻下了都城建康。梁武帝被围困在宫城里面，焦急万分，命令各地发兵援救。

高州（今广东阳江西）刺史李迁仕得到消息，认为这是割据称王的好机会，就推说有病不去援救，暗地里却招兵买马，扩充军队，准备发动叛乱。他派人到高凉来见冯宝，说是请他到高州商量事情。

冯宝正准备动身，冼夫人拦住他说："刺史接到援救占城的命令，本来应当马上发兵，可是他却推说有病，迟迟不去援救，一面又在赶制兵器，召集人马，分明是想发动叛乱。你这一去，他一定会把你扣起来当作人质，强迫你同他一起造反。"【**名师点拨**：这里可以看出冼夫人的睿智和远见。塑造和美化了人物形象。】冯宝问："那该怎么办呢？"冼夫人说："你可以借口脱不开身，看看形势再说。"过了几天，李迁仕果然反了。

始兴郡（今广东韶关东）的太守陈霸先听说李迁仕反了，就率领军队前去讨伐。李迁仕派他手下的大将杜平领着人马去迎敌。

冼夫人听到这个消息，又对冯宝说："趁这会儿高州城里兵力空虚，咱们可以派一队兵马，装扮成挑夫，带着礼品，由我领着，就说是为了你上回没有去高州的事前来赔罪，李迁仕一定不会怀疑。咱们打他个措手不及，一定会大获全胜。"冯宝觉得这个办法不错，就让夫人去办。

冼夫人带人到了高州，李迁仕果然没有起疑心。那一千多人到了刺史府的大门外，冼夫人突然一声号令，人们都扔下担子，抄出兵器，攻进刺史府。李迁仕手忙脚乱地抵挡了一阵，被打得大败，只好逃跑了。

打败李迁仕以后，冼夫人又领着兵马前往赣【**专家解疑**：①赣江，水名，在江西。②江西的别称。】石（今江西于都），打算帮着陈霸先消灭叛将杜平。这时陈霸先已经把杜平打败了。他亲自出营迎接冼夫人，从此，冼夫人就结识了未来的陈朝开国皇帝陈武帝。

冼夫人返回高凉，陈霸先继续领兵北上。不久，他就平定了侯景之乱。陈霸先在战争中扩大了自己的势力，进而控制了朝廷大权。公元 557 年，

🔍 **好词好句**

措手不及

＊李迁仕手忙脚乱地抵挡了一阵，被打得大败，只好逃跑了。

他把梁朝最后一个皇帝梁敬帝废掉，自己当了皇帝，建立了陈朝。

陈朝初年，岭南的一些少数民族部落趁着陈朝刚刚建立，力量薄弱的机会，纷纷起兵叛乱。这时候，冯宝已经死了，冼夫人就以俚族首领和太守夫人的身份，跑遍了好几个州，劝说那些起兵的首领停止叛乱。有好多人都接受了她的劝告。

岭南地区安定以后，冼夫人又带着刚刚 9 岁的儿子冯仆和俚族的许多首领，到京城去朝见陈武帝。陈武帝听说岭南已经安定，有说不出的高兴，就任命冯仆做阳春（今广东阳江西北）太守。

公元 569 年，广州刺史欧阳纥企图反叛朝廷，打算让冼夫人做帮手，就把冯仆召到广州去。冯仆到了广州，欧阳纥逼着他一同造反。冯仆写信把这件事告诉了母亲。

冼夫人很为儿子的命运担心，可是为保全儿子而去反对国家，这种事她死也不肯干。**她对手下人说："我忠心报国已经两代了，决不能为了儿子负了国家。"**【**名师点拨**：从这句话可以看出冼夫人将国家利益置于个人利益之上，再一次突出表现了她明大义的性格特征。】

欧阳纥起兵叛乱以后，陈朝派大军进行讨伐，冼夫人立刻率领俚族首领前去迎接陈朝的军队。陈朝的军队有了俚族地方武装的帮助，没费多大力气就打败了欧阳纥，欧阳纥本人也被活捉。陈朝的皇帝因为冼夫人忠于国家，任命她为中郎将，冯仆也被救出来，做了石龙太守。

公元 581 年，北方的隋朝灭掉了南方的陈国，持续了几百年的南北对立局面终于结束了，全国又重新统一起来。

陈国刚刚灭亡的时候，隋朝的军队还没有到达岭南，南方几个州、郡就公推冼夫人做岭南【**专家解疑**：指五岭以南的地区，就是广东、广西一带。】地区的首领。过了不久，隋朝派韦洸做使者，来接管岭南。陈朝的豫章太守徐璒带领人马在南康（今江西赣县西南）据守，韦洸不敢继续前进。

隋朝皇帝隋文帝的儿子杨广听说后，让陈朝的亡国皇帝陈后主给冼夫人写了一封信，告诉她陈朝已经灭亡，要她归附隋朝，还把陈国灭亡之前冼夫人送给陈后主的一根手杖做信物【**专家解疑**：作为凭证的物件。】。冼夫人看了信和手杖，知道陈朝确实亡灭了，就让她的孙子冯魂（那时候冯仆已经死了）率领俚族各部落的首领，前去迎接韦洸。韦洸在冯魂等人的帮助下，杀了徐璒，进入广州。从此，隋朝的统治势力才到达岭南地区。

韦洸到达广州的第二年，有一个叫王仲宣的少数民族首领起兵反叛隋朝，包围了广州，杀了韦洸，隋朝政府又派裴矩去接管岭南。冼夫人听说广州被围，派孙子冯暄带兵去救援。王仲宣让部将陈佛智挡住冯暄的援军。

冯暄和陈佛智过去交好，他一见陈佛智守在前面，就不愿意再前进了。冼夫人知道以后大怒，她立刻把冯暄逮捕下狱，换另一个孙子冯盎去救广州。【**名师点拨**：冼夫人以国家的利益为重，大义灭亲，突出了其光辉形象。】冯盎杀了陈佛智，来到广州城下，和隋朝的大兵会合，把王仲宣打得大败。

平定王仲宣以后，七十多岁的冼夫人又亲自骑着马，跟随裴矩巡视岭南各地。他们每到一个地方，当地的少数民族领袖都来拜见。裴矩根据隋朝政府的命令，分别任命他们担任各级地方官吏，岭南从此安定下来。

冼夫人因为在平定岭南的时候立了大功，隋文帝追封她的丈夫为谯国公，封冼夫人为谯国夫人。以后，史书上也常用"谯国夫人"这个称号来称呼她。冼夫人把梁、陈、隋三个朝代赠给她的礼物，分3个仓库妥善保管。

每逢过年过节，她就把这些礼物拿出来，陈列在大厅里，对子孙们说："我历经三朝，一心为国，这些东西，就是证据。你们将来一定不能做对不起国家的事情，辜负我的一片忠心。"

冼夫人生活在一个战乱频繁、政局动荡不安的时期，一生经历了梁、陈、隋三个朝代。她始终努力维护国家的统一，促进俚、汉两族人民的友好关系。

松赞干布造福一方

中华民族是一个多民族的大家庭，除了汉族以外，还有蒙、回、藏、维吾尔、壮等55个少数民族。**历史上，少数民族曾经出现过不少英雄人物，他们为了本民族的富强兴盛，同时也为了中华民族大家庭的团**

🔍 好词好句

动荡不安

* 你们将来一定不能做对不起国家的事情，辜负我的一片忠心。

结统一，做出了巨大的贡献。其中，生活在公元 7 世纪的吐蕃英雄松赞干布就是一位杰出的代表。【**名师点拨**：松赞干布作为少数民族的英雄代表而被单独提了出来，更表明了他的杰出。】

吐蕃就是今天的藏族。公元 6 世纪以前，西藏高原上有许多小邦，后来，经过互相兼并，逐渐发展成两个大邦。一个居住在西藏高原南部，叫吐蕃；另一个居住在西藏高原北部，叫苏毗。公元 620 年，吐蕃邦的首领赞普论赞率乘苏毗邦发生内乱的机会，发兵打败了苏毗邦，统一了西藏高原。他还想在邦内进行改革，加强王权，可是没想到被邦里守旧的贵族用毒药毒死了。

论赞率死了以后，他的儿子松赞干布即位做了赞普。松赞干布很聪明，他表面上不动声色，暗地里侦察是谁下的毒，没有多久就查出了下毒的人，把他们抓起来杀了。安定好内部以后，他又亲自统率大军，攻打外地造反的贵族，把他们赶出原先居住的地区，接收了他们的土地、奴隶和军队。

这样一来，赞普的力量就大大超过了贵族的力量，为以后的改革奠定了基础。公元 632 年，松赞干布开始着手建立统一的国家机构。他做的第一件大事就是把国都从雅隆迁到逻些（现在的拉萨）。

逻些位于西藏高原的中心，国都设在这里，方便对全西藏的管理。

🔍 好词好句

统率

* 松赞干布很聪明，他表面上不动声色，暗地里侦察是谁下的毒，没有多久就查出了下毒的人，把他们抓起来杀了。

接下来是改革国家行政制度。松赞干布父亲论赞率时代的吐蕃王国，实际上仍然是一个奴隶主贵族的军事联盟体。每个贵族都有自己的**领地**【**专家解疑**：奴隶社会、封建社会中领主所占有的土地。】、家臣和军队，他们对赞普只尽纳贡的义务，而领地内部的事情则可以独自处理，不受干涉。

松赞干布改变了这种制度。他把吐蕃全境划分为四"茹"，"茹"下有"支茹"，"支茹"下面是"千户所"。"茹"和"支茹"的长官都由政府任命，下一阶层的官员才由当地贵族担任。各"千户所"的士兵都要登记造册，不能更改扩充，军队调动必须有赞普发下的金箭为凭证。这样一来，地方权力就被大大削弱了。【**名师点拨**：从这里可以看出松赞干布是个很有政治才能的人。这为他管理好西藏打下了良好的基础。】

除此之外，松赞干布还在中央政权建设、经济制度、法律法令等方面也都做了许多重大改革。

松赞干布还有一个很重要的贡献，就是创制了藏族文字。吐蕃原来没有文字，松赞干布在平定内乱以后，派出 16 名贵族子弟到印度学习。他们学成回来，根据**梵文**【**专家解疑**：古代印度的一种语言文字。】字母，创制了 30 个藏文字母。由于松赞干布的大力提倡和带头学习，这种藏文很快得到推广和应用。从此以后，政府的公文、法令都可以用文字记录了。

当松赞干布平定内乱，统一诸部，建立起强大的吐蕃王国的时候，中原地区也正处在唐朝"贞观之治"的繁荣时期。松赞干布非常钦佩唐朝先进的经济文化，总想同唐朝建立起亲密关系。公元 640 年，他派大论（相当于宰相）禄东赞做使者，出使长安，向唐太宗求亲。

禄东赞人很聪明，口才又好，他向唐太宗李世民阐明了吐蕃仰慕中原大国，渴望同唐朝结亲的心情和诚意。**唐太宗被他的话打动了，唐太宗得知吐蕃确实是西部一个强国，如果两家结亲交好，对唐朝西部边界的安定会有很大好处，就同意把文成公主嫁到吐蕃去。**

【**名师点拨**：从这里可以看出，文成公主西嫁吐蕃是一桩政治联姻，有着非常深远的意义。】

文成公主是一个很有见识的女子。她听说自己要被嫁到吐蕃，没有因为将远离父母家乡而伤心，而是悉心筹划未来的新生活和新事业。她还召见禄东赞，了解吐蕃的物产、风俗，为入藏做准备。

直到今天，西藏民间还流传着许多禄东赞为松赞干布求婚获得成功的传奇故事。其中有一个是说，唐太宗为了考验松赞干布求亲的诚意，故意将文成公主和19名宫女打扮成一个模样，让禄东赞辨认。如果辨认不出来，婚事也就吹了。

文成公主知道以后，派了一个丫鬟悄悄告诉禄东赞说，公主平常喜欢用一种特制的香水擦身子，所以总引来许多蜜蜂围着她盘旋。后来禄东赞就根据这一点认出了公主，闯过了难关。

到了上路那一天，唐太宗预备了许多车马，车上装满了珠宝、绫罗、衣服、饰物、谷物种子，还有诗文、农艺、医药、历法、工技等方面的书籍，这些都是公主的嫁妆。他还派族弟江夏王李道宗拿着节仗护送公主。随同公主入蕃的还有奶母、丫鬟、随从官员等人。这一大队人马在路上浩浩荡荡地走了几个月，最后到达柏海（青海扎陵湖）。

松赞干布早就在这里等候迎接了。他和护送大臣李道宗相见，就像女婿第一次见老丈人那样恭敬。【名师点拨：这里表现出松赞干布的诚意和对唐王朝的恭敬。】文成公主身着盛装出来见新郎。松赞干布对公主的学识、风度以及中原服饰之美、礼仪之盛，佩服得不得了。

李道宗完成了护送公主入蕃的任务，告别了公主和松赞干布，返回长安。文成公主继续往西走。在她到达逻些的时候，吐蕃人民举行了一个盛大的欢迎仪式，庆祝她和松赞干布的婚礼。松赞干布也高兴地对大臣们说："我的祖先没有一个和中原上国通婚【专家解疑：结成姻亲。】，现在我能娶到大唐的公主，真是修来的福气！"

文成公主在吐蕃定居后，就派随身带来的人员和工匠，向当地人民传授平整土地、开沟挖渠等农耕技术，她还亲自向一些吐蕃妇女传授纺织、刺绣等技术。直到今天，藏族人民还传说他们的纺织、刺绣都是文成公主教会的。

松赞干布对中原工匠的工作非常满意，下令免除他们的差役，这条规定一直被延续下来。松赞干布还派许多贵族子弟到唐朝学习中原文化，并请中原的学者到吐蕃为他掌管文书奏章。

松赞干布自从娶了文成公主，一直把自己看成是大唐王朝的女婿。他上书给唐太宗和唐高宗，表示要尽臣下的职责。后来他果然几次出兵，帮助唐朝政府平定了一些地方上的叛乱。

松赞干布在一千三百多年前统一了西藏高原，这就加速了藏族社会由氏族联盟制度向奴隶制度的过渡，为西藏社会的发展建立了不朽的功绩。特别是他通过和唐朝公主的联姻，使藏族人民和汉族人民之间建立起亲密的关系，增进了两个民族的相互了解和友好往来，为中华民族大家庭的形成，做出了巨大的贡献。【名师点拨：松赞干布的突出贡献就表现在造福当地百姓以及促进和加强民族团结上。这些功绩给他留下了美名。】

宰相肚里能撑船

吕蒙正，字圣功，北宋河南洛阳（今河南洛阳东）人。吕蒙正才能出众，宋太宗太平兴国二年开科取士，他位居榜首。

吕蒙正入仕后，累迁著作郎、直史馆、翰林学士、左谏议大夫、参知政事，可谓扶摇直上。【名师点拨：这段介绍可以让读者更清晰地了解吕蒙正的身份地位，为事情的发生、发展做铺垫。】太宗、真宗朝曾三度入相，位极人臣。

吕蒙正为人异常大度，一般人难以企及。他刚被提拔为参知政事时，一日上早朝，按惯例，高级官员率先入殿，一些职位较低的官员暂候侧殿。当吕蒙正走过侧殿时，帘内有人议论说："这个姓吕的有何能耐，也能当参知政事？"

在禁止喧哗的朝堂，这句话清晰地传入吕蒙正耳中，但他却不动声色，

佯装没有听到，目不旁视地快步向前。同行的官员愤愤不平，令左右去查证一下说话者的姓名、官职，吕蒙正立即挥手制止。

罢朝后，同僚仍在为刚才的事生气，后悔当时没有追问。吕蒙正却说："此话固然不入耳，然而，一旦得知其人姓名，便终身不会忘记，以后同列朝堂难免心存芥蒂，于国事无益。还不如不知道，不去刨根问底，这对我个人也没什么害处啊！"

面对如此宽阔的胸襟，同僚们还能说什么呢？

吕蒙正刚任宰相时，金部员外郎张绅担任蔡州州长，因贪赃枉法被免除官职。有人对太宗说："张绅是洛阳有名的富豪，怎么可能去贪求区区贿赂呢？吕蒙正在中进士前生活十分困窘，曾向张绅借钱而未能如愿，一直怀恨在心，眼下是在利用职权，寻找借口报复张绅罢了。"

太宗信以为真，便下诏让张绅复官。这是很失吕蒙正面子的事，而吕蒙正却始终以大局为重，不发一言为自己辩解。

不久，吕蒙正罢相，考课院却查得张绅贪赃枉法的真凭实据，再次将他免职。太宗闻知，后悔不已。之后，吕蒙正再度入相，太宗不无内疚地对他说："张绅果然是个贪官，已被免职。"

吕蒙正仍然不为旧事辩解，也不乘机发泄被误解的委屈，只是一笑而已。连太宗皇帝也十分佩服他的肚量，曾私下赞叹："**蒙正气量，我不如也。**"【**智慧引路**：吕蒙正胸襟宽广，连太宗皇帝都十分佩服。我们为人处世也要有这种宽广的胸襟，这样人生之路才会越走越宽。】

封建时代，士大夫对家族所担负的一项重要职责是光大门楣【**专家解疑**：①指门框上端的横木。②指门第。】，光宗耀祖。身为宰相，吕蒙正若想为子孙谋要职，实在是易如反掌的事，但他在这方面同样表现得大度而无私。

吕蒙正入相，儿子吕从简应当补官，吕蒙正却上奏说："当初我考中进士甲科，只授六品京官，天下有才能的人不计其数，不少人默默无闻一辈子也得不到一官半职，今天我儿子还年幼，就得此高位，我心中不安，恳求朝廷，只以我当初入仕时的官职授予他就足够了。"

奏章呈上后，太宗仍坚持原来的意见，吕蒙正辞让再三，方得应允。从此，宰相之子恩荫只授六品京官便成为定制。

真宗大中祥符年间，吕蒙正因年老体迈，辞官回洛阳，真宗泰山封禅时路过洛阳，亲临吕府，赐赉【**专家**解疑：①怀着；抱着。②把东西送给人。】有加，并问他："卿的几个儿子中，哪一个可用？"来日无多的吕蒙正，如要为儿子谋职，此时不说更待何时？

但他却回答说："臣的儿子，豚犬而已，都没什么才能。不过，侄子夷简，现任颍州推官，此人倒是宰相之才。"这就是宋朝三度入相的吕夷简。才能平平的，哪怕是亲生儿子也不推荐；而确有治国之才的，也不因为是自己的侄儿避嫌不言，这就是吕蒙正的气度，为国之心，日月可鉴。

刚直不阿的海瑞

海瑞字汝贤，号刚峰，广东琼山人，生于1514年，是我国明代著名的清官，一生刚正不阿、不避权贵、犯颜直谏、两袖清风，人称"海青天"。

33

海瑞因从小丧父，家境贫寒，直至 36 岁才参加乡试，考中举人。其后接受"听选"，任南平教谕，主持学宫工作。他为人正直，不奉承、不迁就。主管上司御史视察，左右皆屈膝，他却长揖而不拜。海瑞说："此堂，师生教士地，不当屈。"

不久，海瑞调淳安任知县，依然粗衣淡饭，连母亲做寿，也只是买肉两斤。他在淳安，关心百姓疾苦，减免赋税，救济钱粮，平反冤狱，做了不少好事，把一个贫穷的小县治理得秩序井然，淳安父老纷纷称他为"海青天"。

海瑞在淳安任职时，总督胡宗宪是个权势很大、炙手可热的人物。他的儿子仗势欺人、作威作福，到处敲诈勒索。一天路过淳安，认为驿吏怠慢，对他招待不周，便借机发作，指使手下人把驿吏倒挂着殴打。

此事报到海瑞那儿，海瑞故意揣摩片刻，便高声吼道：胡总督早就宣布，家眷经过的地方不许铺张，今天这个人随身带了许多珍宝，肯定是个冒牌货。喝令衙役把他的东西没收充库，并火速驰报胡总督。

胡宗宪闻报，如哑巴吃黄连，有苦说不出，只好顺水推舟，不与海瑞为难。

🔍 **好词好句**

炙手可热
作威作福

* 胡总督早就宣布，家眷经过的地方不许铺张，今天这个人随身带了许多珍宝，肯定是个冒牌货。

* 胡宗宪闻报，如哑巴吃黄连，有苦说不出，只好顺水推舟，不与海瑞为难。

鄢懋卿是权倾朝野的内阁首辅严嵩的心腹、持有先斩后奏"**尚方宝剑【专家解疑:**皇帝用的宝剑。现多借指上级特许的权力。】"的都御史。他奉朝廷之命出都巡视,带着家眷沿途纳贿,车马仪仗的排场十分显赫,所到之处,地方官无不恭迎。

鄢懋卿天天山珍海味,偏又装上廉洁的假面具,大言不惭地宣布:"我一贯喜欢简朴,反对奉迎,所到之处的食宿,不可铺张浪费。"

此次鄢懋卿路过淳安,大家深为忧虑,有人劝海瑞通融一下,以免大祸临头。但海瑞置个人生死于度外,硬是不肯屈服,不愿拿老百姓的血汗钱去讨好上司。他采取"以子之矛攻子之盾"的办法,派人给鄢懋卿送上一封信。

信的大意是:**听说都御使吩咐沿途招待要简朴,我很高兴;又听说沿途接待十分奢侈,与您的吩咐完全不一样,令人忧虑。照你的吩咐办,怕怠慢您;铺张浪费招待您,肯定要花很多钱,淳安县小民穷,实在拿不出,您看怎么办?【名师点拨:**海瑞把难题推给鄢懋卿,让鄢懋卿不得不选择退让,显示出了海瑞的睿智。】言辞不卑不亢、软中带硬,把难题交给鄢懋卿自己去解决。

鄢懋卿晓得海瑞刚正廉洁,一时也抓不住他的把柄,怕到淳安自讨没趣,只好强按怒火、改道而去。

明世宗嘉靖帝在位45年,即位之初倒也办了几件正事,朝政为之一新。哪知过了几年,便日益昏聩,崇拜仙道,追求长生不老之术,竟至多年不上朝。一些正直的大臣如杨最、杨爵看不下去,上书提出建议。但忠言逆耳,触怒了皇帝,遭到杀害。一些投机钻营、招摇撞骗的道士和居心叵测、推波助澜的佞臣【**专家解疑**：奸佞的臣子。】，反而得到重赏和升迁。

海瑞愤怒极了，为了不使大明江山毁于一旦，决定冒死上疏。他用 30 两纹银买了一口棺材，准备好后事，与妻子诀别，毅然上朝。

那一天，金銮殿钟鼓齐鸣，热闹非凡，嘉靖帝高坐在龙椅上等待百官朝拜。只见文武百官依次排列，山呼"万岁"之后纷纷呈献贺词，祝嘉靖帝即将成仙。

身为户部主事的六品小官海瑞排列后面，生怕失去这次难得的机会，便不顾次序朗声高呼："臣海瑞奏"，把昏昏欲睡的皇帝惊醒了过来。海瑞庄重地递上了《治安疏》。

奏章上列举了嘉庆皇帝 20 年不理政事，"法纪弛矣"，造成"吏贪官横，民不聊生"；大兴土木、建宫筑室，造成"度支差求四出"等种种过失。还说"自古圣贤垂训，未闻有长生之说，陛下误信受骗，真是大错特错"，要求皇帝"幡然悔悟，日御正朝"。

嘉靖帝至高无上，从未遭到如此奚落，那《治安疏》好似一盆冷水浇下，从头顶凉到脚跟。嘉靖皇帝心中一团怒火直冒，不禁勃然大怒，把奏章狠狠掷在地上，咆哮着说："把海瑞抓起来，别让他跑了！"

🔎 **好词好句**

勃然大怒
* 身为户部主事的六品小官海瑞排列后面，生怕失去这次难得的机会，便不顾次序朗声高呼："臣海瑞奏"，把昏昏欲睡的皇帝惊醒了过来。
* 嘉靖帝至高无上，从未遭到如此奚落，那《治安疏》好似一盆冷水浇下，从头顶凉到脚跟。

身旁的太监奏道："此人素有盛名，听说上疏时，自料必死，已预先买下一口棺木，与妻诀别，遣散了童仆，是不会逃走的。"

嘉靖帝沉默了片刻，又把奏疏拿过来读了几遍，觉得海瑞对他是忠心的，讲的也是实话，但又拉不下面子，容不得批评，最后还是决定把海瑞投入监狱，准备处死。不久，嘉靖帝死了，海瑞获释，官复原职。3年后，任右金都御使，应天十府巡抚。

海瑞上疏后，朝野无人不知他的刚直，巡抚应天，属下惧他的威严，一些做过坏事的家伙乞归乡里，甚至有的豪门大族把自家的朱漆大门涂成黑色，以免醒目惹事。

海瑞经常微服察访，了解民情、乡情，查访贪官污吏。他"锐意兴革"，办事雷厉风行，仅几个月工夫，他管的吴中便"大治"了。

最使关中百姓难以忘怀的两件事：疏浚【**专家解疑**：清除淤塞或挖深河槽使水流通畅。】吴淞白卯河，变水患为水利；清退大地主侵占民田，抑制土地兼并。

那吴淞江本是太湖水入海的主要通道，白卯河一段因长年失修，河道淤塞，堤岸亦有毁坏，影响湖水入海，致使江南过半的麦田泡在水里，灾民纷纷外逃，社会秩序混乱。

刚刚走马上任的海瑞在视察灾区之后，提出了"以工代赈"的计划。根据这个计划，招募【**专家解疑**：募集（人员）。】大量灾民参加白卯河的疏浚，动员士绅为赈灾捐钱献粮，政府把救济粮以工钱的形式发给治水的民众。

计划公布后，灾民踊跃参加治水大军，逃荒在外的亦返回故里，连应天十府之外的农民也赶来了。海瑞亲临工地，督促大小官员恪尽职守，并严厉惩处了贪污钱粮的官吏。几十万民众干劲十足，仅用56天就完成了吴淞白卯河疏浚工程。

明朝中后期，江南的土地兼并情况日益严重，大地主侵占农民的土地，而且把赋税、徭役转嫁给农民，百姓苦不堪言。【名师点拨：这段话交代了海瑞治理侵田歪风的大背景，突出了整治的必要性。】

海瑞决心为国为民都要治理侵田的歪风。退田是棘手的，要扩大影响必须拿最大的地主"开刀"，以打开缺口。江南最大的地主要数松江华亭的退职宰相徐阶，此人家有良田40万亩，多数是从农民手中夺来的。

目标选中，海瑞却为难了，因为徐阶是他的救命恩人。《治安疏》上奏后，海瑞被打入死牢，如果没有徐阶在皇帝面前苦口婆心为他说话，海瑞早已身首异处。为此，他几宿没有睡好。

经过激烈的思想斗争，海瑞决定从个人恩怨中解脱出来，秉公执法。他写了《督抚条约》，叫人抄写后送交府县张贴，既是打招呼，也表明了他对退田的决心。接着，海瑞又以私人的名义给徐阶写了一封信，申明"退田"之大义，要恩公好自为之。

为了息事宁人，徐阶退还了几千亩地，并把为非作歹、侵占民田的儿子关在家里。**海瑞自然不肯就此了结，再次写信给徐阶，严肃指出：**

🔍 好词好句

苦口婆心

＊经过激烈的思想斗争，海瑞决定从个人恩怨中解脱出来，秉公执法。

"须再加清理，占田的儿子应受惩罚。"【**名师点拨**：海瑞并没有因徐阶的让步而就此罢休，而是要求彻底解决，表明了他为民服务的决心。】

面对铁面无私的海瑞，徐阶招架不住了。他两个违法的儿子最终被海瑞法办了。随后，江南占田的地主接二连三地把田退了，兼并土地之风得到遏制。

驱外敌收复国土

郑成功名郑森，字明俨，号大木，明朝末年人，他的父亲郑芝龙是驻守福建的一位将军。清朝军队入关以后，郑芝龙在福州拥立了一个南明政权，可是他并不是真正要抵抗清军的入侵，而是拿这个南明傀儡【**专家解疑**：①木偶戏里的木头人。②比喻受人操纵的人或组织（多用于政治方面）。】政权当作本钱，来和清朝政府讨价还价，以便从他们手里得到高官厚禄。

郑成功听说父亲同清军暗地里已经有了来往，流着泪劝他说："自古以来，叛国投敌的人没有不遭后人唾骂的，这种不忠不义的事情咱们可不能干。现在清军虽说已经占领了明朝一大半国土，可是广东、福建还在明军手里，只要您带头举起抗清复明的旗帜，天下豪杰一定会起来响应，国家复兴也就大有希望。"

郑芝龙根本听不进去，最终还是投降了清朝。郑成功的母亲不愿跟着丈夫降清，就自杀了。郑成功听到这个消息，心里又气愤又悲痛。他来到家乡的孔庙，摘掉头上戴的方巾，脱掉身上穿的长袍，把它们堆在一块儿放把火烧了，然后对着孔子的塑像说：**"我过去是一个书生，现在是一个亡国之臣，没有了国家，圣贤书读得再多又有什么用呢？等我恢复了国家，再来读书吧！"**【**名师点拨**：这段话表明了郑成功对国家破败的悲痛，也表明了他立志报效国家的决心。】

郑成功组织父亲旧部在东南沿海同清军打起来，他指挥军队一连攻破了好几个州县。一度由海路突袭，包围清江宁府，但最后被清军击退。清朝的顺治皇帝听说以后，写了一封招降信，派一位特使带着到南方去见郑成功。那个使者到了郑成功的兵营，郑成功身穿铠甲，腰挎宝剑接见他。

使者说："你必须剃光头发，结上发辫，然后才能看皇上的信。"

郑成功哈哈大笑，说：**"我是大明朝的臣子，我们大明朝可从来没有剃发结辫的规矩。"**【**名师点拨**：郑成功一直是以大明朝臣子的身份自居，所以，他对清朝的规矩自然不会接受。】那个使者见郑成功气势强盛，垂头丧气地回去了。

郑成功率领军队同清朝军队战斗了好几年，他凭借海战优势固守厦门、金门两个海岛。后来，清军想出个封锁海疆的办法，他们命令福建沿海居民往内地迁移30里，不准出海做买卖，更不准给郑成功送信。

郑成功失去了大陆老百姓的支援，陷入了极大的困境，军用物资越来越少，同清军作战就不容易了。郑成功为这个很发愁，他想来想去，最后决定把反清基地迁到台湾岛去。

台湾自古以来就是中国的领土。公元1624年，荷兰殖民者出兵占领了这里。他们听说郑成功打算收复台湾，非常害怕，就派了通事何廷斌来同郑成功谈判。

何廷斌是一个具有爱国思想的人，他见到郑成功向其控诉荷兰殖民者侵台的种种暴行，劝郑成功："台湾土地肥沃，物产丰富，海路四通八达，既可以通商筹集【**专家解疑**：筹措聚集。】军费，又可以隔海抗拒清军，您要是想建立功业，恢复大明，没有比台湾更合适的根据地了。"

郑成功说："我早有这个打算，就是摸不清荷兰人的底细。"

何廷斌说："这些您不用担心，我都为您准备好了。"说着，就掏出事先绘制好的一份地图，交给郑成功。【名师点拨：收复台湾是人心所向，必然会得到大多数人的支持。】

郑成功接过来一看，台湾岛的山川地形和荷兰人的兵力部署都清清楚楚地画在上面，他感激地对何廷斌说："等我收复了台湾，你就是第一个大功臣。"

公元1661年，郑成功统率2.5万大军，乘坐数百艘战船，从金门料罗湾出发。那时候，从外海进入台湾有两条路，一条走大港，是大路，荷兰人防守得很严密；还有一条走鹿耳门，是小路，小路水道狭窄，暗礁很多，荷兰人在那里没有设防。

郑成功已经把这些情况了解得一清二楚。在一个涨潮的夜晚，郑成功率领大队人马，通过鹿耳门水道，神不知鬼不觉地登上了台湾岛。等到荷兰人发现，郑成功的大军早已经把荷兰殖民者在台湾的统治中心——台湾城，包围得严严实实了。

荷兰总督揆一没有办法，就派代表同郑成功谈判，请郑成功退兵，说他们愿意年年向郑成功进贡，并送 10 万两白银作为这次退兵的费用。郑成功义正词严地说："回去告诉你们的总督，台湾自古就是中国的领土，你们要是自动撤出去，一切都好说，今后两家还可以照旧做生意，不然的话，只有兵刃相见。"

揆一不愿轻易放弃台湾这块肥沃的土地，他一边命令士兵们死守台湾城，一边叫海上的荷兰军队快来增援。郑成功派出 60 艘大型战船包围了增援的荷兰战船，开炮射击，又派出一些装满火药和引火物的小船，由士兵们划到敌船跟前，然后用铁链扣住敌船的船帮，点着引火物，划船的人再跳到海里游回来。

一会儿工夫，只听"轰隆隆"一阵巨响，火光冲天，敌人的几艘战船都爆炸沉没了。其余的敌船不敢再战，调回头全跑了。

郑成功打败了荷兰人的海上援军，又回过头来打台湾城。揆一在城上安放了 20 尊大炮，打算死守。郑成功也不硬攻，叫士兵在台湾城外筑起一道围墙，把荷兰殖民军围困在里面，切断了城里的水源和同外面的联系。荷兰殖民者在台湾城里被困了 8 个月，粮食吃光了，水也喝光了，士兵们战死、饿死了一大半，剩下的一些人也都筋疲力尽，连枪都拿不起来了。

揆一走投无路，只好在城上挂出白旗【**专家解疑**：战争中表示投降的白色旗子。】，向郑成功投降。公元 1662 年 2 月 1 日，荷兰殖民者正式在投降书上签了字。又过了几天，他们在郑成功军队的监视下，灰溜溜地撤离了台湾。被荷兰殖民者霸占了 38 年的台湾岛，终于又回到祖国的怀抱。

郑成功收复台湾以后，设置了官府，委派官员管理各地。他派人给当地的高山族居民送去耕牛和农具，向他们传授先进的耕作技术。郑成功还让军队也参加开荒种地。

名家品评

《论语·子罕》中言道："三军可夺帅也，匹夫不可夺志也。"大意是：军队的首领可以被改变，但是有志气的人的志向是不能被改变的。为人处世就应当有这种志向高远、凛然不移的气节。这一节选取的人物故事涉及众多方面，非常具有代表性。从这些故事里面可以清楚地看见故事中人物身上的美德。

阅读思考

1. 大禹治水三过家门而不入，体现了大禹什么精神？

2. 苏武为什么不肯屈服于匈奴？

3. "不为五斗米折腰"表现了陶潜什么精神？

苟利国家生死以

我国历史上涌现出了无数的爱国之士，他们给后人树立了爱国的榜样。爱国首先是一种崇高的美德，屈原满腔爱国热忱，一心扑在让楚国强大的事业上；为了保一方平安，年纪轻轻的霍去病多次出生入死，与敌鏖战；在国家和民族的生命财产遭到威胁的时候，文人出身的班超毅然投笔从戎，投身到军队中去保家卫国，还有祖逖、宗泽、于谦、林则徐等一批爱国人士，无不为国家献出了他们的青春和热血，他们的事迹流传千古，他们的美德也一直影响着后世。这些感人肺腑的爱国故事是如何发生的呢？让我们去看一看吧！

屈原忧国忧民

屈原是战国时期的楚国人，史书上说他"博闻强识，明于治乱"。就是说，他知识渊博，精明强干，很会治理国家。

那时候，西边的秦国经过商鞅变法，变得越来越强大，而楚国仍然死守着旧的制度，一天天衰弱下去，一心想灭亡楚国的秦国，正在积极地做着各种准备。

屈原很为自己的国家担忧。他同楚国的国君楚怀王商量，想在楚国实行变法革新，使楚国富强起来。楚怀王非常信任屈原，就让他来处理国家大事。

屈原在楚国的高威望，引起了朝中大臣上官**大夫**【专家解疑：古代官职，位于卿之下，士之上。】的嫉妒。上官大夫背地里偷偷对楚怀王说："大王信任屈原，把大权交给他，可是屈原不但不感激大王，反而在外面夸口，说楚国没有他不行。"楚怀王听了非常生气，就不再让屈原管理国家大事了。

屈原抱着救国救民的志向和满腹富国强兵的计划，却得不到施展的机会。他感到非常苦闷，就写了一首长诗《离骚》。《离骚》是一首充满爱国主义情怀的长诗，全诗共 373 句，句句都洋溢着忧国忧民的思想感情，表现了屈原宁愿牺牲自己来换取国家富强的崇高志向。

后来，秦国的秦昭襄王约楚怀王到秦国去签署两国**盟约**【专家解疑：缔结同盟时所订立的誓约或条约。】。屈原坚决反对，他对楚怀王说："秦国一直想灭掉楚国，这次肯定又是一个圈套。楚国只有和东边的齐国联合起来，才能抵抗秦国的进攻。"

可是楚怀王听不进屈原的忠告，最后还是到秦国去了。果然，楚怀王一到秦国，就被软禁起来，最后死在秦国。

🔍 **好词好句**

忧国忧民
崇高
* 屈原抱着救国救民的志向和满腹富国强兵的计划，却得不到施展的机会。

楚怀王死后，楚襄王即位。屈原希望楚襄王能够接受楚怀王的教训，振作精神，有一番作为。他劝楚襄王选拔人才，远离小人，鼓励将士，操练兵马，使楚国富强起来。

可是楚襄王只顾自己花天酒地享乐，根本不把国家的命运放在心上，屈原的劝告让他觉得心烦，再加上上官大夫那一伙人总是在他耳边讲屈原的坏话，最后，他索性把屈原革了职，放逐到江南去。

屈原一心想使国家富强，结果却受到奸臣的排挤。**他气得不想吃，不想喝，一天到晚在洞庭湖汨罗江边上，一边走，一边吟诵着伤感的诗句。**【**名师点拨**：屈原把全部心思都用在了国家富强上，丝毫不关心自己的身体，突出表现了他满腔的爱国热忱。】

屈原的姐姐屈须听说弟弟的遭遇，就去安慰他说："你已经为国家尽到了心，大王不听你的，那是他的不是，你何苦不吃不喝，折磨自己呢？"

屈原说："与其活着看国家一天天地衰落，受尽别国的欺负，倒不如死了的好。"

屈须说："你的身子是父母给的，假如你死了，能使国家富强起来，那我也情愿跟你一块儿去死。既然你死了也救不了国家，那你就不应该随便糟蹋父母给你的身子。"

屈原反驳说："自古忠孝不能两全，我既然已经离开家，出来给国家办事，就是国家的人了。现在大王虽然一时受奸臣的蒙蔽，听不进我的意见，可是我不能不为国家着想，不能不为楚国的老百姓着想。"

屈须知道再劝也没有用，只好叹着气回去了。

屈原一直盼望着楚襄王有一天会觉悟，振作起来，把围在他身边的那一帮奸臣赶走。屈原也盼望着楚襄王有一天会想到他，再重新用他，让他实现富国强兵的理想。可是一天天过去了，楚襄王一点也没有觉悟的迹象。屈原绝望了，他觉得自己再也没有机会为楚国出力了。

公元前 278 年，秦国大将白起率兵攻进楚国都城郢【**专家解疑**：周朝时楚国的都城，在今湖北荆州。】，楚襄王吓得逃走了。屈原听到这个消息，难过极了。他不愿看到楚国的灭亡，就在农历五月初五这一天，抱起一块大石头，投汨罗江自杀了。

楚国的老百姓听说屈原投了汨罗江，都划着小船到江上去抢救。他们拼命地划呀、找呀，可是放眼一望，四周都是一片白茫茫的江水，哪里有半个人影呢？

大家回想起屈原生前的所作所为，觉得他一生对国家忠心耿耿，死得实在冤枉。有一些人怎么也不肯相信屈原会死，一口咬定屈原在水下面生活得很好，他们还蒸了很多饭，放到竹筒里，投入江中，说是给屈原吃的。

到了第二年农历五月初五那一天，老百姓们想起这是屈原投江的周年了，大家又划着船，带上盛着饭的竹筒到江里去**祭祀**【**专家解疑**：旧俗备供品向神佛或祖先行礼，表示崇敬并求保佑。】他。

♀ 好词好句

富国强兵
忠心耿耿
*他们拼命地划呀、找呀，可是放眼一望，四周都是一片白茫茫的江水，哪里有半个人影呢？

之后，竹筒饭改为粽子，划船改为赛龙舟，这些活动逐渐成了一种风俗。

屈原虽然已经死去两千多年了，但是人们并没有忘记他。他伟大的爱国主义精神和那些洋溢着爱国主义热情的诗篇，一直是我们中华民族宝贵的精神财富。

卫青保家卫国

卫青是西汉时期的名将。他出身低微，小时候做过放羊娃，吃了不少苦。

卫青同母异父的姐姐卫子夫长得很漂亮，被召进宫中，做了汉武帝的妃子【**专家解疑**：皇帝的妾，地位次于皇后。】。卫青也跟着姐姐进了宫，成了汉武帝的侍卫。由于他精明强干，很受汉武帝的器重，不久就被提升为将领。

那时候，北方有一个强大的游牧民族匈奴。早在春秋战国时期，匈奴就经常到中原来侵犯，抢劫财物，掳掠人口。秦始皇建立统一的国家以后，派太子扶苏和大将蒙恬统领30万大军，长期驻扎在北方边界上，还修筑了万里长城，专门防御匈奴。可是到了秦朝末年，匈奴又打到中原一带。

西汉初年，汉高祖刘邦亲自统率大军征伐匈奴，想不到却被匈奴包围起来，一连围了七天七夜，后来多亏谋士陈平出主意，买通了匈奴单于的阏氏【**专家解疑**：汉代匈奴称君主的正妻。】，汉高祖才脱身出来。打这时候起，汉朝只好对匈奴采取"和亲"政策，把公主嫁给单于做阏氏，每年还要送去大批礼物。【**名师点拨**：就是在这样的大背景下，卫青抗击匈奴并取得了巨大成功，突出了卫青的功勋。】

汉朝经过 70 年的休养生息，到了汉武帝时期，政治、经济、军事都积聚起雄厚的实力，反击匈奴的时机成熟了。公元前 129 年，汉武帝发兵四路，让卫青、公孙敖、公孙贺和李广四个人统率，分头攻打匈奴。

四人里面，只有卫青是个年轻将领，其他三人都是久经沙场的老将。没想到这三个老将两个打了败仗，还有一个根本没有找到匈奴兵，白跑了一趟回来。只有卫青这一路兵马一直深入到匈奴的心脏地带，杀了七百多个匈奴兵，立了大功。从此，汉武帝更加器重他了。

过了两年，匈奴兵又打到中原来，他们杀了辽西太守，还掳去了两千多老百姓。汉武帝派卫青去讨伐他们。**卫青率领 4 万骑兵，顺着黄河先往西走，避开匈奴的正面防御，绕到他们的后方，把他们的退路切断，然后由北向南，向匈奴发起进攻。这一招完全出乎匈奴人的意料，他们不敢再待下去，向北方逃去。**【**名师点拨**：这段描写突出了卫青卓越的军事才能，同时，也为后面事情的发展做了铺垫。】

这一场战役，汉军俘虏了几千匈奴兵，夺得牛羊一百多万头，还把匈奴侵占的河南地区（黄河以南的河套地区）重新收复回来。后来，

🔎 **好词好句**

久经沙场

* 只有卫青这一路兵马一直深入到匈奴的心脏地带，杀了七百多个匈奴兵，立了大功。

汉武帝在这个地区设立了朔方和九原两个郡，又从内地迁来10万移民充实边防，不但解除了匈奴骑兵对都城长安的威胁，还建立起一个进一步反击匈奴的阵地。

河南地区本是匈奴右贤王的地盘，他失掉了这一块肥沃的土地，很不甘心，经常率领匈奴兵到边界来骚扰。汉武帝看不打败右贤王，朔方郡就不会有太平的日子，于是他命令卫青率领大军，去消灭右贤王的主力。

卫青带领将士们踏进茫茫大草原，顶风冒雪向前进。有时候粮草跟不上，还要饿肚子。可是他们想着消灭匈奴，让中原老百姓过上安定的日子，谁也没有怨言。那时候，右贤王已经知道卫青的大军出发了，可是他觉得汉军无论如何也到不了六七百里远的漠南，就照旧饮酒作乐。

一天，在他醉得如同一堆烂泥，躺在帐篷里呼呼大睡的时候，汉军如同从天而降的神兵，突然包围了他的军营，发起猛攻。匈奴兵从醉梦中惊醒，手忙脚乱不知如何是好。末了只有右贤王带着几百个骑兵逃脱，剩下的十几个小王和一万多匈奴兵全都当了汉军的俘虏。

汉武帝听说卫青打了大胜仗，就派了一个使者拿着大将军印到边界上去迎接，拜卫青为大将军，还要把卫青的3个孩子都封为列侯。卫青只接受了大将军印，别的都推辞了。他说："打胜仗靠的是皇上的

🔍 好词好句

手忙脚乱

＊一天，在他醉得如同一堆烂泥，躺在帐篷里呼呼大睡的时候，汉军如同从天而降的神兵，突然包围了他的军营，发起猛攻。

洪福【专家解疑：大福气。】和将士们出力。我的孩子没有功劳，不该加封【专家解疑：封建时代指在原有的基础上再封给（名位、土地等）。】。"汉武帝很喜欢卫青这种有功不居功的精神，就把卫青手下7个将军都封为列侯。

公元前119年，汉朝的军事力量已经远远超过了匈奴。汉武帝决定再次出兵，彻底消灭匈奴的主力。他派卫青和霍去病各率领5万骑兵，分东、西两路，夹击匈奴。

卫青指挥西路军。他让前将军李广和右将军赵食其带领一部分兵马绕道从东走，自己率领其余的汉军直接向北进军，走了一千多里，突然撞上匈奴的主力。这时候，李广和赵食其在半路迷失了方向，还没有赶来。

卫青命令将士们用战车围成一个圈，作为营寨，然后派出5000骑兵向匈奴发起进攻。双方正打得难分难解，突然刮起一阵狂风，飞沙走石，对面看不见人。卫青趁着这个机会，从预备队中抽调出两支人马，从两翼迂回过去，绕到匈奴后面发起攻击。【名师点拨：这里再一次突出表现了卫青卓越的军事才华和指挥才能，塑造了典型的人物形象。】单于不知道汉军有多少人，带着几百名护兵赶紧往西北跑了。卫青率领大军一直追到赵信城（现蒙古国境内），把匈奴囤积的粮草全部烧了，才胜利回师。

卫青从公元前129年到公元前119年，10年间7次率领大军征伐匈奴，每战必胜，终于把匈奴的势力驱逐出大漠地区，解除了持续几百年的北方边患，为当时国家的繁荣和稳定做出了巨大贡献。

51

霍去病杀敌

霍去病是卫青的外甥，从小喜欢骑马射箭，耍刀弄枪，长大后成了一个英俊勇敢、武艺高强的青年，汉武帝很喜欢他，让他做自己的随身侍卫。那时候，北方的游牧部族匈奴十分强大，经常到汉朝边界抢掠牲畜，**掳掠【专家解疑：**掳夺。**】**人口。霍去病小时候就很羡慕率领大军征伐匈奴、立下赫赫战功的舅舅卫青，总想像舅舅那样去上阵杀敌，干一番大事业。

公元前 123 年，汉武帝派卫青统领 10 万大军征伐匈奴，一同去的还有右将军苏建、前将军赵信等好几位大将。那一年霍去病正好 18 岁，汉武帝欣赏他初生牛犊不怕虎的劲头，就任命他为**骠骑【专家解疑：**古代将军的名号。**】**校尉，还让卫青专门挑选了 800 名精锐的骑兵归他指挥。

霍去病率领 800 骑兵向北进发。他一心想早点儿遇上匈奴兵，好杀敌立功，没想到和大队人马失去了联络。有一位部下说："咱们只有这么点儿人，要是碰上匈奴大军可不是闹着玩的，还是等后面的大军上来了一块儿走稳当些。"霍去病不同意。他说："咱们人少，目标也小，匈奴兵不容易发现咱们，可以打他个措手不及。"

他们又向北走了几百里，到了傍晚，看见前面黑乎乎的有好些帐篷，里面人喊马叫得挺热闹，原来是一座匈奴的军营。霍去病把将士们召集起来，说："匈奴就在前面，各位可别错过立功的机会。"说完，跨上战马，带头向匈奴兵营冲去。匈奴兵遭到突然袭击，以为汉朝的大军到了，乱作一团。霍去病冲进一座大帐篷，瞧见里面有一个人影，不管三七二十一，一刀割下他的头。

霍去病手下的 800 骑兵也乘着匈奴兵混乱的时候一通大杀大砍，还抓了好几个俘虏。回来的路上他们清查战果，才知道一共杀了两千多匈奴兵，其中有不少大官，霍去病杀的那个人是匈奴单于的叔祖父。这一次征伐匈奴，几路汉军都打了败仗，只有霍去病立了大功。汉武帝格外器重他，封他为冠军侯。

公元前 121 年，汉武帝派霍去病率领 1 万骑兵从陇西出发，向西北挺进，打算占领河西走廊【专家解疑：甘肃西北部祁连山以北、合黎山和龙首山以南、乌鞘岭以西的狭长地带，东西长约 1000 千米，南北宽 100—200 千米，因在黄河之西而得名。】，切断匈奴同西域国家的联络。

霍去病这一次出征又杀了匈奴的卢侯王、折兰王，俘虏了浑邪王的王子和大臣，还有八千多个匈奴兵。可是汉军损失也不小。霍去病看看暂时还打不下河西走廊，就先撤兵了。

到了夏天，霍去病第二次领兵攻打河西走廊，这一次他改换进攻路线，不从正面直接打过去，而是先向

北，越过贺兰山，一直到了居延泽（现在的甘肃额尔纳旗东），然后再回头折向南，绕到匈奴的后面，突然发起进攻，大败匈奴军，俘虏了匈奴小王、阏氏和王子一共 59 人，相国、将军、当户、都尉 63 人，共消灭了 3 万多匈奴军。【**名师点拨**：这段描写突出表现了霍去病超群的军事指挥才能。】

匈奴单于因为丢了河西走廊，大发雷霆，要杀原来驻守在河西走廊的浑邪王和休屠王。他们两个人听到风声，打发使者来见汉武帝，表示情愿投降。

汉武帝就派霍去病率领 1 万汉军去接收他们。霍去病到达受降地点的时候，休屠王因为想反悔，已经被浑邪王杀了，可是还有些小王不愿意投降汉朝，威胁浑邪王回到漠北去。

霍去病急中生智，率领一小队骑兵冲进匈奴军阵中，把那几个不愿投降的小王杀了。其他匈奴王看到这个情景，都乖乖地投降了。

汉军没有经过大的战斗，就接收了 4 万匈奴军。汉武帝接到霍去病的报告，非常高兴，派使者携带大批物资去犒劳【**专家解疑**：用酒食等慰劳。】有功的将士。据说，慰问品里有一坛酒，是汉武帝专门奖赏给霍去病的。酒少人多，霍去病就把这坛酒倒在一眼泉水里，与众将士共饮，算是让大家都得到皇帝的赏赐，据说这就是酒泉这座城市得名的缘由。

公元前 119 年，汉武帝派卫青、霍去病各自统率 5 万大军，同匈奴主力决战。霍去病率领东路大军，越过离侯山，渡过弓卢水（现在蒙古境内的克鲁伦河），一直深入漠北两千多里，才遇见匈奴左贤王的军队。这一仗，汉军俘虏了匈奴3个王、83个将军，斩杀、俘虏了7万多匈奴军，几乎全歼了左贤王的匈奴军。

霍去病乘胜追击，一直追到狼居胥山（约在现在的辽宁西北至内蒙古一带），那里是汉军所到过的最北边的地方。他在那里举行了一个盛大的仪式，设立祭坛，祭告天地，追悼阵亡将士，然后才胜利回师。

汉武帝为奖励多次立下大功的霍去病，特意给他盖了一所很气派的官邸。霍去病不肯接受，他说："**匈奴未灭，何以家为。**"【**名师点拨**：区区八个字高度体现了霍去病顾大家忘小家的献身精神，可谓言简义丰，蕴含丰富。】后来，这句话就流传下来，成为历代爱国志士经常引用的警句之一。

霍去病最后一次征伐匈奴回来以后，不到两年就去世了，死的时候才24岁。他的一生可以说都是同保卫国家边防、抗击外族侵略联系在一起的。他的事迹一直流传到今天，他的美德一直影响着后世。

班超投笔从戎

班超是东汉时期人。他家祖上几代都是做学问的。班超起初跟父亲班固学习写文章、整理史料，可是他心里总想着要为国家干一番大事业。后来，他听说北方的匈奴联络了西域的几个国家，经常到汉朝边界去掠夺居民和牲畜，气愤得再也坐不住了，说："**大丈夫应该到塞外去立功，怎么能老闷在书斋里写文章呢？**"【**名师点拨**：铮铮誓言表现了班超的远大志向和大无畏的精神。】他把笔一扔，就投军去了。

那时候，汉朝执掌兵权的人是窦固。他采用汉武帝的办法，先去联络西域各国，斩断匈奴的臂膊，再全力对付匈奴。公元73年，他派班超为使者，带着随从和礼物去结交西域各国。

班超先到了**鄯善**【**专家解疑**：<u>地名，在新疆。</u>】。鄯善王虽然归附了匈奴，向匈奴纳税**进贡**【**专家解疑**：①封建时代藩属对宗主国或臣民对君主呈献礼品。②给人送礼求方便（含讥讽意）。】，可匈奴还不满足，不断勒索财物，鄯善王很不高兴。他一见汉朝的使者来了，就殷勤接待。班超住了几天，忽然发现鄯善王的态度变了，不像开始那么恭敬了。

班超一打听，原来是匈奴的使者也到了，鄯善王怕得罪匈奴，才故意冷淡他们。班超把他手下36个随从全召集起来，说："你们跟我千辛万苦来到西域，想的就是为国立功，没想到匈奴的使者才来几天，鄯善王的态度就变了。要是他把咱们抓起来交给匈奴，咱们连尸骨都还不了乡了，怎么办呢？"

大伙儿说："你说咋办就咋办。"班超说："**不入虎穴，焉得虎子**。如今只有一个办法，趁着黑夜去袭击匈奴的帐篷。他们不知道咱们的底细，必然大乱，只要余了匈奴的使者，鄯善王就一定会归顺汉朝，大丈夫为国立功就在今夜。"大伙儿都说："对，就这么拼一下！"

到了半夜，班超带领手下人偷偷地摸到匈奴使者住的地方。班超让10个人拿了鼓，埋伏在帐篷后面，对他们说："你们只要看到火光，

哲理名言

不入虎穴，焉得虎子。

56

就敲鼓呐喊。"然后，他带着其余的人来到门前，顺着风向放起火来。顿时，鼓声、喊声响成一片，睡意正酣的匈奴人，以为外面来了大批人马，吓得纷纷逃命。

班超冲上前去，一连杀了3个匈奴兵，其他人跟着冲上来，杀了匈奴使者和三十多个匈奴随从，其他的匈奴人都跑了。【名师点拨：作为首领，班超身先士卒，勇猛向前，为手下将士做出了表率。】

第二天早晨，鄯善王听说匈奴使者被杀了，又高兴，又害怕。他亲自来见班超，表示从此以后要真心同汉朝和好，还让他的儿子跟班超到汉朝的都城洛阳去学习汉朝的文化。

班超回到洛阳，向汉明帝报告了结交鄯善的经过，汉明帝很高兴。他派班超再去出使于阗，还叫他多带些人马去。班超说："于阗地方大，路途远，要想争取他们不在人多，只要能帮助他们抵抗匈奴，让他们信服咱们就行了，我还是只带36个随从吧。"

班超带着原班人马，到了于阗，正巧匈奴有个将领也在这里，于阗王不知该依靠哪边，就找了个巫师，让他算个卦。这个巫师心里向着匈奴，他故意说，天神要吃班超骑的马。

班超让巫师自己来牵，等巫师一过来，班超立刻拔出宝剑把他杀了。然后，他义正词严地对于阗王说："你如果同汉朝交好，对两国都有利，要是想勾结匈奴侵犯汉朝，巫师就是你的下场。"

🔍 好词好句

勾结

＊顿时，鼓声、喊声响成一片，睡意正酣的匈奴人，以为外面来了大批人马，吓得纷纷逃命。

于阗王再也不敢三心二意了，连声说："愿意听从汉天子的吩咐。"还表示要学鄯善王的样子，把儿子送到洛阳学习。班超把携带的礼物拿出来送给于阗王，于阗王非常感激。

于阗和鄯善都是西域的大国，他们同汉朝交好，其他国家也都跟着过来了，只有龟兹和疏勒站在匈奴一边。龟兹王是匈奴立的，他还仗着匈奴的势力，进攻疏勒，杀了疏勒王，立龟兹人兜题为疏勒王。**班超断定疏勒人不会服气，就带着十几个人到疏勒，出其不意地把兜题抓起来，然后，又召集疏勒的官员和百姓，对他们说："匈奴杀了你们的国王，你们怎么不为他报仇，反而投降敌人呢？"**【**名师点拨**：班超处理事情讲究策略，他没有单靠武力来解决问题，而是力求收服人心，从根本上解决问题。】

那些官员说："我们没有力量。"班超说："我是汉朝的使者，愿意帮助你们主持公道。"于是疏勒也归顺了汉朝。为了帮助疏勒人抵抗匈奴和龟兹，班超在疏勒住了下来。

公元75年，汉明帝死了，汉章帝即位。有人对他说，在西域驻兵，花费大，得利少。汉章帝就发出一道诏书，让班超撤回来。

班超没有办法，只得准备返回洛阳。疏勒的老百姓听说了，都舍不得放他走。有一个疏勒将领流着眼泪说："汉朝不管我们了，叫我们靠什么抵挡匈奴呢！与其匈奴打来再死，不如现在就死吧。"说完就自杀了。

班超他们动身的那天，于阗王和大臣们抱住他的马腿不让他走。班超看到这种情景，也不忍心走了。他上书【**专家解疑**：给地位高的人写信（多陈述政治见解）。】给汉章帝说："西域各国忍受不了匈奴的欺负，把汉朝当靠山，如果我走了，他们没有了依靠，只好再投降匈奴，那样他们又会成为汉朝边界上的祸患。我情愿留在西域，帮助他们抵抗匈奴。"

汉章帝被班超的赤胆忠心感动了，就答应了他的请求。班超为了维护西域同汉朝的友好睦邻关系，情愿远离家乡，长期驻守在荒凉偏远的西域。西域各国的官员和老百姓都非常钦佩他。经过几年的努力，班超使西域的五十多个小国全都归附了东汉。他把这些国家的兵力集中起来，共同抵抗匈奴的侵略。从这以后，匈奴兵再也不敢来骚扰了。

班超在西域一直住了 31 年，直到七十多岁才返回中原。他为了国家和人民的利益，甘愿牺牲个人的一切。他为打通西域，密切汉族同西北各少数民族的联系，做出了不可磨灭的贡献。

刘琨无颜见双亲

西晋末期，黄河流域曾经发生过一场大战乱。这场战乱首先从皇族内部开始，当时有八个皇室**亲王**【**专家解疑**：皇帝或国王的亲属中封王的人。】为了争夺朝廷大权，互相攻打，一连打了 16 年，死了

🔍 **好词好句**

赤胆忠心

钦佩

* 班超为了维护西域同汉朝的友好睦邻关系，情愿远离家乡，长期驻守在荒凉偏远的西域。

三十多万人。从此，中原地区成了一个大战场，先后有 5 个少数民族建立政权，出现了 16 个国家。刘琨和祖逖就生活在这样一个混乱的时代。

刘琨和祖逖是好朋友，又都胸怀大志，经常在一起谈论国家大事，晚上两人就睡在一张床上。一天半夜，祖逖听到公鸡打鸣的声音，就用脚把刘琨踢醒，说："这是催促我们起床练武的命令。"他们就一块儿起了床，拿上宝剑，到院子里练习武艺。

公元 308 年，匈奴首领刘渊自称皇帝。他带领人马，攻占了晋朝许多地方，一直向晋朝的都城洛阳打过去。**晋朝大多数官员贪生怕死，他们一听说匈奴的兵马来了，吓得逃到了南方。一些盗贼趁机出来抢劫财物，残害百姓，中原一带到处是一片兵荒马乱的景象。**【名师点拨：外敌入侵，官员贪生怕死，再加上盗贼四起，百姓生活在水深火热之中。这样的乱世为英雄的出现提供了绝好的舞台。】

刘琨当时正在并州当刺史。他临时招募了一千多人，趁着刘渊攻打洛阳，后方空虚的机会，绕到刘渊的后方，打进了晋阳城（今山西太原）。

刚刚遭受兵乱的晋阳城，成了一片废墟。城里的老百姓几乎都逃光了，只剩下一些老人和孩子，一个个衣衫褴褛【专家解疑：（衣服）破烂。】，面黄肌瘦。

刘琨率领将士们，掩埋好路边的尸体，又帮助百姓修理好房屋和倒塌的城墙。经过努力，晋阳一带的局势稳定下来。有一次，刘渊的骑兵把晋阳城团团围住，形势很危急。刘琨想了一个退敌的好办法。一天夜里，他叫士兵们吹起胡笳（一种乐器，形状像笛子），匈奴兵听到家乡的曲子，都怀念起家乡，丧失了斗志，不久就撤走了。

刘琨一心想恢复晋朝的天下，可是自己的兵力不够，他就同北方鲜卑族首领猗卢联络。猗卢答应出兵援助他。可是猗卢的兵马还没有到，匈奴兵已经杀过来，晋阳太守高乔打开城门投降了匈奴，刘琨只好带领少数兵马退到深山老林里，他的父母家人全被匈奴人抓住杀死了。

刘琨他们在深山里待了好些日子，直到猗卢的兵马来了，才又夺回晋阳。刘琨在北方坚持斗争十多年。这时候，晋朝的皇族司马睿已经在建康建立起东晋王朝。他封刘琨为太尉。

公元 317 年，刘琨和晋朝的幽州刺史段匹磾等人联合起来，准备攻打羯【**专家解疑**：我国古代民族，是匈奴的一个别支，居住在今山西省东南部，东晋时曾在黄河流域建立过后赵政权（公元 311—334）。】人石勒。石勒很害怕，就使了离间计。段匹磾中了石勒的计，把刘琨抓起来，下了监狱。

刘琨知道自己的日子不长了，就写了一首诗。诗的最后两句是："何意百炼钢，化作绕指柔。"意思是说，自己的意志虽然像经过千锤百炼的钢铁那么坚强，可惜时势不由人，命运却被人家掌握了。

刘琨被下了监狱以后，东晋的荆州刺史王敦派人送信给段匹磾，要他害死刘琨。刘琨听说王敦的人到了幽州，就对人说："我的死期快到了，可恨国仇未报，到了黄泉，我也无脸去见双亲！"

🔍 好词好句

千锤百炼

* 何意百炼钢，化作绕指柔。

* 我的死期快到了，可恨国仇未报，到了黄泉，我也无脸去见双亲！

刘琨被害的时候，只有 48 岁。他还是一位杰出的诗人，他的诗洋溢着强烈的效忠祖国、誓死抗敌的爱国之情。可惜这些诗篇大都失传了，只留下《扶风歌》等 3 篇，至今还被人们传诵着。

祖逖死不回江东

公元 311 年，匈奴人发兵攻破了西晋的京城洛阳，俘虏了晋怀帝和晋愍帝，西晋灭亡了。祖逖带着几百户乡亲到江南避难。**一路上，他把自己的车马让给老人和伤病员乘坐，自己和年轻力壮的小伙子们一同走路，吃的穿的和大家一起分享，有了问题也总能拿出解决的办法来，所以老老少少都非常佩服他。**【**名师点拨**：祖逖能够得到众人的敬重和爱戴与他的为人处世有着密不可分的关系。】

当时江南没有战事，生活比较安定，可是祖逖并没打算在江南过安定的日子，他一直惦念着生活在战乱中的北方老百姓，时刻想着收复中原，解救他们。

后来，祖逖给当时统治江南的琅邪工司马睿（就是后来的东晋第一个皇帝晋元帝）呈上了一道奏折【**专家解疑**：写有奏章的折子。】，说："国家的动乱，胡人的入侵，都是由皇室争权引起的。现在，老百姓遭受战争的痛苦，人人都想反抗，大王如果愿意让我带领一支军队北伐，各地的豪杰一定会积极响应，国家的耻辱就可以洗雪，中原就可以恢复。"【**名师点拨**：祖逖的远大志向是带领军队北伐，统一祖国。就是为了实现这个远大目标，他才上了这道奏折。】

司马睿只想保住江南，根本不想北伐，可北伐是人心所向，他不能拒绝。末了，司马睿只给祖逖一个豫州刺史的空头衔，发给他3000匹布，没派给他一兵一卒，也不给兵器，让他自己去招募军队。

祖逖没有被难住，他带领一百多名部下，坐船渡江北上。船驶到江心，祖逖站在船头，望着那滚滚东流的江水，想到中原地区受苦受难的父老兄弟，心里一阵激动，就拿着船桨，在船板上使劲敲了几下，发誓说："我祖逖如果不能扫清敌人，恢复中原，就死也不回江东！"同船的人听到这番话，都感动得流下眼泪。后来，人们常用"中流击楫"这句成语，来形容立志收复国土的决心。

祖逖过江以后，在江阴（今江苏江阴）驻扎下来，打造兵器，招募人马，组织起一支两千多人的军队，继续北进，收复了大片失地。当时，刘琨还正在晋阳一带坚持抗敌。他听说祖逖胜利进军的消息，又高兴又自豪地对别人说："我早就知道我的这位好朋友，是个了不起的英雄。这些年来，我每天都是枕戈待旦，就是因为常常想起祖逖，生怕落在他的后头。这一回，真的让他赶到我的前面去了。"

当时，统治北方的是羯族人石勒。他听说祖逖的军队已经打到了河南开封一带，就派侄子石虎统率5万大军打过来。双方一交战，石虎大败。他不敢待在河南，留下大将桃豹死守**浚**

🔎 好词好句

中流击楫
枕戈待旦
*我早就知道我的这位好朋友，是个了不起的英雄。

【**专家解疑**：挖深；疏通（水道）。】仪城（今河南开封西北），自己却溜走了。

过了不久，祖逖率领北伐军攻占了浚仪东城，桃豹退守西城。晋军从东门出入，桃豹的后赵军由南门出入。两军相持了四十多天，都感到粮草不够。

后来，祖逖想出一条退敌之计。一天早晨，桃豹的哨兵突然发现东门外有一队晋军，肩上扛着沉甸甸的麻袋，正在往城里运。桃豹得到报告，赶紧带着一队兵马去拦截，可是已经晚了，只有几个掉队的晋军，好像走不动路了，正坐在路边休息。<u>他们一见桃豹的人马，拔腿就跑，连麻袋也不要了。</u>桃豹打开麻袋一看，大吃一惊，原来里面都是<u>白生生</u>的大米。

<u>桃豹的将士以为祖逖军营里粮草很充足，一个个都泄了气。</u>石勒得到报告，马上派出一队人马给桃豹运送粮草，可是半道上又被祖逖截走。桃豹愁得没有了主意，只好放弃浚仪城，回到北边去。

原来，这是祖逖使的一条计，前面那些运粮食的人，麻袋里装的都是泥土，只有留在后面的几个人，麻袋里装的才是粮食。【**名师点拨**：这条计谋充分表现出祖逖超人的军事才智。】祖逖用这条计谋战胜了桃豹。

当时在中原地区，还有许多坞堡。这些坞堡大都是一些地方武装，

🔍 **好词好句**

白生生
充足
＊他们一见桃豹的人马，拔腿就跑，连麻袋也不要了。
＊桃豹的将士以为祖逖军营里粮草很充足，一个个都泄了气。

主要是用来自卫。石勒的势力大增以后，有一些坞堡主就投靠了石勒，还把自己的家属送去做人质。**祖逖也不难为他们，他宣布，只要这些坞堡主不是死心塌地跟着石勒，愿意暗地里接受他的命令，就允许他们表面上继续服从石勒。**【**名师点拨**：从这段话里，可以看出祖逖不是那种有勇无谋的人，而是有勇有谋、有远见的指挥官。】

为了不让石勒起疑心，他还不时派军队去攻打这些坞堡。坞堡主们对祖逖非常感激，有什么情况都马上向祖逖报告，所以祖逖在战斗中处处占据主动，几乎每战必胜。

祖逖立了大功，晋元帝封他为镇西将军。可是他仍旧和过去一样，过着节俭的生活，家里人都要出去耕作。他还千方百计发展生产，给流亡的老百姓分配土地，让他们安居下来。石勒知道祖逖有本事，再也不敢轻易来攻打。

祖逖经过好几年的努力，把原来支离破碎的国土逐渐连成一片。没想到晋元帝见祖逖力量大了，反倒担心起来。他派了一个叫戴渊的人来做祖逖的上司，实际上就是削去了祖逖的兵权。这时候，东晋的荆州刺史王敦已经不听从朝廷的号令，一场内乱眼看就要发生。祖逖的心就像在油锅里煎，担心收复中原的事业最后付诸东流。公元321年，抑郁愤懑的祖逖病死在雍丘。

祖逖死后，石勒立刻发兵打过来，黄河以南几百里土地又丢失了。

🔍 **好词好句**

千方百计
支离破碎
* 祖逖的心就像在油锅里煎，担心收复中原的事业最后付诸东流。

后来，将士们想起祖逖的尸首还埋在雍丘，有一个叫路永的将军带着
500 勇士，赶了几天路，乘着黑夜，用绳索爬上雍丘城，经过一场血战，
终于把祖逖的棺木运回了南方。

由于东晋朝廷的腐败和无能，祖逖没能完成收复中原的大业。但
是他忠于祖国、关心百姓的精神却一直活在人们的心里。至今，只要
人们一说起"闻鸡起舞"和"枕戈待旦""中流击楫"这几句成语，
就会想起这位爱国志士。

宗泽壮志未酬

宗泽是北宋末年的人，早先在地方上做过小官。他因为看不惯当
时官场上鱼肉百姓、**中饱私囊【专家解疑**：中饱，中间得利。指从中
取利。】的坏风气，就辞掉官职，回家隐居起来。

公元 1126 年，宋徽宗把皇位传给儿子宋钦宗。当时，北方的金国
十分强大，经常侵犯宋朝。宋钦宗十分害怕，想找一个能干的人到金
国去议和。他听说宗泽很有本事，就把他找回来，让他做"和议使"，
出使金国。

宗泽接受任命后，到朋友家辞行。他说：**"我这次是有去无回，将
来还要请各位帮我照料一下后事。"【名师点拨**：明知道此去凶多吉少，
还是毅然决定前往，表明了宗泽是个将国家利益放在首位的爱国之人。】

朋友奇怪地问他："我们都盼望着你完成使命，早日而归，你怎么
说出这种话来？"

宗泽说："金国早就想灭亡我们宋朝，他们哪儿会真心同我们议和呢？我这次去，就是要当面揭穿他们的阴谋，保卫国家的尊严，他们哪儿能再放我回来呢？"

这话传到宋钦宗的耳朵里，宋钦宗大吃一惊。他本来打算让宗泽到金国去磕头求和，没想到宗泽骨头这么硬。于是他又改变了主意，让宗泽到磁州（今河北磁县）当知州。

宗泽到磁州一瞧，只见那里破破烂烂，连个完整的城墙都没有，城里的老百姓几乎都跑光了。同他一道来的随从人员失望地说："一座空城怎么守啊？"宗泽却很有信心地说："别着急，我自有办法。"

第二天，宗泽叫手下人站在4个城门前，专门招收过往的散兵和流民。没有几天工夫就招收了几千人。他把其中的青壮年组织成义勇民兵，让他们一边操练武艺，一边开荒种地，又把老人、小孩和妇女也组织起来修补城墙，从事各种手工业。这样忙了一个来月，磁州各方面的防务基本都建立起来了。

就在这一年10月，宋钦宗派弟弟康王赵构为使臣，到金国去求和。赵构走到磁州时，金国的兵马已经渡过黄河，逼近宋朝的京都汴京（今河南开封）。宋钦宗只得临时改变主意，任命赵构为天下兵马大元帅，宗泽为副元帅，让他们召集各地的勤王【**专家解疑**：①君主的统治地位受到内乱或外患的威胁而动摇时，臣子发兵救援。②为王朝尽力。】军队，来解京师之围。

宗泽得知汴京被金兵包围的消息，急得吃不下饭，睡不着觉，一天三次跑去见赵构，请求出兵解汴京之围。赵构把勤王军当成他自己的保镖，舍不得派出去。后来经不住宗泽的不断催促，才勉强同意让宗泽率领两千磁州兵去援救汴京。

宗泽带着这两千人马，披星戴月地行军赶路，沿途交战十三场。可是当他们赶到汴京时，汴京已经被金兵攻陷了，宋徽宗、宋钦宗都成了金兵的俘虏，被押到金国去，北宋也就灭亡了。

就在北宋灭亡的第二年，康王赵构在南京（现河南商丘）登基做了皇帝，历史上称为宋高宗。宗泽把抗击金兵、收复失地的希望寄托在宋高宗身上。他几次三番给宋高宗上书，劝他整顿**朝纲**【**专家解疑**：朝廷的法纪。】，鼓舞士气，坚持抗金。可是宋高宗听着只觉得耳烦，后来他干脆让宗泽去守汴京，走得远远的。

汴京本来是北宋的京都，经过金兵的烧杀抢掠，已经成为一座空城。宗泽一到汴京，马上着手进行整顿。他先把城里作恶多端的土匪强盗抓起来斩首示众，又组织人力疏通河道，保证水路运输畅通和居民的物资供应，汴京的局面逐渐稳定下来。

当时汴京附近有一支民间武装，为首的人叫王善。宗泽想把王善收编过来，手下人叫他多带些人马去，宗泽说："我是用道义去打动他，让他参加抗金大业，何必带许多人马呢？"

他只身来到王善的营寨里，被王善的士兵捆起来带去见王善。王善瞪着眼睛大声问他说："你是何方来的奸细？"

宗泽挺着胸膛说："我不是奸细，我是宗泽。"

王善奇怪地问道："你既然是宗泽，一个人到我这儿来，难道不怕我杀了你？"

宗泽说："我要是怕死，就不来了。我是特地来同你商量抗金大业的，你如果杀了我，天下人都会唾骂你的。"【**名师点拨**：宗泽从大局着眼，对王善进行晓之以理，动之以情的说服，表现了他的睿智。】

王善本来就很佩服宗泽的忠义，又听了这番话，不由得脸红了，连忙亲自为宗泽松绑，跪在地上说："老英雄七十高龄，还这么不辞辛苦为国操劳，我王善是一个粗人，从前不懂道理，今后一切愿意听从老英雄的指挥。"

后来，黄河两岸的抗金武装都同宗泽接上了关系，表示愿意服从宗泽指挥，全部兵力已超过百万。宗泽觉得时机已到，他天天盼望着宋高宗发来命令，让他出兵北伐，收复失地。

1128 年，宗泽又给宋高宗写了一份奏折，派他的儿子送去。他在奏折里写道："我在河东、河北已经联络了一百多万义军，他们日夜盼望着官军北伐，磨刀擦枪地准备进攻敌人。现在，大宋中兴，金朝灭亡的时机已经到来，陛下千万不要错过了。"

宗泽万万没有想到，宋高宗发来的圣旨里，根本没有提北伐的事。他好像挨了一闷棍【**专家解疑**：乘人不备时狠狠打一棍，比喻突如其来的沉重打击。】，一下子就病倒了。

这一天，义军将领们都来看望宗泽。宗泽躺在床上，喘着气对大家说："我这几年来，为了抗金事业，东奔西跑，现在眼看大功告成，可是皇上没有决心，使我的心血付诸东流。**机不可失，时不再来。**"

🔎 哲理名言

机不可失，时不再来。

突然，他用尽全身的力气支撑起身体，高喊三声："渡河！渡河！渡河！"就再也说不出话来。过了不久，这位抗金英雄就与世长辞了。

宗泽去世不久，宋高宗任命投降派杜充做汴京留守。杜充一到汴京，就废除了宗泽在世时的一切措施，把汴京的防御工事拆掉，把义军解散，宗泽千辛万苦组织起来的百万义军很快就被瓦解了。但是，宗泽的爱国精神已载入史册，永远为人们所传颂。

文天祥宁死不屈

南宋末年，朝廷已经十分腐败。蒙古贵族建立的元朝举兵南侵，把宋军打得一败涂地。元兵一直向南宋的都城临安进逼。南宋朝廷只好向全国发出文告，号召各地募集义军，前来救应。告急文书到达江西赣州，知州文天祥立即响应，没几天工夫，便召集了一万多义军。义军组织起来了，但既无粮饷【**专家解疑**：旧时指军队中发给官、兵的口粮和钱。】，又缺兵器。怎么办？文天祥毫不犹豫地变卖了自己的全部家产，充作军费。

有人对他说："元军来势凶猛，连朝廷的大军都不是他们的对手，你这一点儿人马能顶什么用？"文天祥说：**"我生平最痛恨的就是国家**

🔎 **好词好句**

与世长辞
千辛万苦
＊突然，他用尽全身的力气支撑起身体，高喊三声："渡河！渡河！渡河！"就再也说不出话来。

有了危难没人分忧。只要是为了国家，个人的生死福祸，我全不考虑。"

【智慧引路：国家的利益高于一切。个人的利益再大，在国家的利益面前，都是小利。国家的利益再小，在个人利益面前，都是大利。】

　　文天祥带领义军，向着临安的方向前进。等文天祥带着人马赶到临安，没想到太皇太后同丞相陈宜中一伙人已经决定向元朝投降称臣。这真把他气坏了，他立刻去见宰相陈宜中，说："称臣就是亡国，这样的事万万不能干！"

　　陈宜中愁眉苦脸地说："不称臣，元军打过来怎么办？"文天祥大声说："你以为向敌人屈服，他们就不再来攻打了吗？要想保全国家，只有起来抵抗。再说，你只图暂时的安全，难道就不害怕子孙后人世世代代的唾骂吗？"陈宜中被文天祥说得满脸通红，只好说："请放心，我决不再提称臣的事。"

　　不久，元军到了离临安只有 30 里的皋亭山。他们让南宋派一位丞相【专家解疑：古代辅佐君主的，职位最高的大臣。】到他们兵营里去

71

进行谈判。南宋的大臣都知道这是一件危险的事情，全低着头，不吭不响。文天祥看到这种情况，站出来说："我愿意去敌营一趟，如果能够说服他们退兵最好，也乘机摸摸他们的虚实，回来再做打算。"

太皇太后把希望都寄托在文天祥身上，当时就任命他为右丞相，让他带着贾庆余等几个人，去同元军谈判。

一见到元军首领伯颜，文天祥就严厉地斥责元兵的无理侵犯，接着他要求元兵后退一段路，再进行谈判。伯颜原以为宋朝是派人来谈判投降条件的，想不到文天祥的态度竟这样强硬。他怒气冲冲地说："你们宋朝已经完蛋了，快些归顺我们大元吧！"

"归顺？"文天祥哈哈大笑，说："我只知道抵抗，不知道什么叫归顺！你不要小看我们大宋，南方的广大土地仍旧在我们大宋军民手里，我们是决不会屈服的！我劝你还是接受我的意见，撤退军队，好好讲和，这样，对我们双方都有好处。"

伯颜气得火冒三丈，命元兵从座位上拽起文天祥，威胁说："是死是降，由你选择！"

文天祥甩开元兵，理直气壮地说："我文天祥早就准备以死报国。你们要杀就杀。刀砍、斧锯、油炸，我都不怕！"

伯颜无奈，只好把文天祥扣留起来，不让他回去。文天祥被扣留后，

🔎 好词好句

理直气壮
* 我只知道抵抗，不知道什么叫归顺！
* 我文天祥早就准备以死报国。你们要杀就杀。刀砍、斧锯、油炸，我都不怕！

南宋小朝廷向元军投降了。文天祥在元营里得到这个消息，心里痛苦极了！他曾想自杀，但转念一想：全国广大军民还在继续抗元，无论如何也要活下去，跟敌人斗争到底！

有一天，文天祥乘敌人不备，偷着跑了出来，他带着十几个人，渡过长江，逃到了江北。路上，文天祥听说南宋益王在福州即位，急急忙忙又赶到福州。

益王让文天祥指挥各路兵马抗击元兵。文天祥经过一年多的苦战，收复了江西南部许多地方。后来，元军又一次大举南侵。文天祥所在的军队遭到大队元兵的重重包围。最终，寡不敌众，兵败被俘。

被俘后，如狼似虎的元兵硬要文天祥跪下来。文天祥直挺挺地站立着，轻蔑地对元军统帅说：**"叫我向你下跪，哼，真是异想天开！现在我被你们捉住，只有一死，要我屈服，万万不能！"**【名师点拨：铿锵有力的话语，表明了文天祥坚定的立场，也表明了他宁死不屈的决心。】

元军统帅还不死心，叫人拿来纸笔，逼文天祥写信投降。文天祥提笔作了一首《过零丁洋》。这首诗的最后两句是："人生自古谁无死，留取丹心照汗青。"

后来，文天祥被押到了大都。开始时，元朝皇帝忽必烈还想引诱他投降，让他住在豪华的房子里，给他送来山珍海味。文天祥把送来的东西往旁边一推，每餐都只吃一碗饭，喝几口汤。

♀ 好词好句

山珍海味

＊人生自古谁无死，留取丹心照汗青。

敌人恼羞成怒，他们给文天祥戴上枷锁和脚镣，送进了土牢。狭小的土牢，臭气扑鼻，不见阳光。冬天冷得像冰窟，夏天热得像蒸笼。一到晚上，成群的老鼠到处乱跑乱咬。敌人的百般折磨，始终动摇不了文天祥的意志。

文天祥在土牢被关4年。在土牢的4年当中，他写了不少充满爱国激情的诗文，最著名的一篇便是《正气歌》。

在这首长诗里，文天祥热情歌颂了古代那些忠于国家、宁死不屈的英雄豪杰，表示自己要学习他们的浩然正气，以死殉国，誓不降敌。

最后，元朝皇帝忽必烈亲自出马劝文天祥，但也遭到了文天祥的严词拒绝。忽必烈恼羞成怒，决定杀害文天祥。

公元1283年的一天，大都城里，风沙漫天飞舞，日色暗淡无光。文天祥被押到柴市执行死刑。临刑前，元朝官吏对他说："你现在如果改变主意，还来得及。"文天祥把头扭过去，好像根本没听见这番话似的。

文天祥被押到刑场时，问旁边的人"哪一边是南方？"有人指给

74

他看。他整了整衣服和帽子，从容地朝南方拜了两拜。然后，转身对刽子手喝道："快动手吧！"【名师点拨：临死前，文天祥还向着祖国的方向祭拜，表明了他誓死效忠自己国家的决心。】

文天祥死后，人们发现他的衣带上写着一篇绝笔自赞，其中最后两句是："读圣贤书，所学何事？而今而后，庶几无愧。"意思就是说，以前读了许多圣贤书，从中学到了些什么呢？但是从现在开始，我差不多已经问心无愧了。

文天祥是我国历史上一位伟大的爱国者。多少年来，他忠于国家、视死如归的精神一直在民间传诵，他留下的那些充满爱国主义豪情的诗篇，至今仍然是我们中华民族一笔宝贵的精神财富。

戚继光驱除倭寇

戚继光的父亲戚景通是明朝的一员武将。戚景通一生清廉，临终前，他把17岁的戚继光唤到床边，对他说："我留给你的不是金银珠宝，而是国家的土地，你可要好好保卫它。"

戚继光说："请父亲放心，您的话我一定永远记在心上。"

戚景通去世以后，戚继光承袭父职当了指挥金事。他日夜操练兵马，整顿军纪，期待着有一天能够为国家效力。

那时候，浙江、福建两省的沿海地区，经常受到倭寇的侵扰。倭寇是日本的武士和无业游民，他们在自己的国家里失了势、断了发财的路，就流窜到中国大陆来，抢夺财物，屠杀居民，掳掠人口，闹得沿海一带的老百姓人心惶惶，没有一天太平日子。

戚继光恨透了这些为非作歹的海盗，他写了一首诗，其中两句是："封侯非我意，但愿海波平"，就是说他的志愿不是做官封侯，光宗耀祖，而是保卫祖国的海疆，不受倭寇的侵犯。公元1556年，朝廷任命戚继光为参将，负责镇守宁波、绍兴、台州三府。戚继光上任不久，有一股八百多人的倭寇流窜到浙江的龙山所。戚继光接到报告，立刻率领一队兵马前去抵挡。

倭寇大多是亡命徒，他们一看见明军，立刻分成3队，举着倭刀气势汹汹地猛冲过来。明军人数虽多，却被他们冲得直往后退。戚继光看到情势很危急，连忙跳到一块大石头上，"嗖嗖嗖"连发三箭，把三个打头的倭寇都射倒了。倭寇这才慌了神儿。先前败退的明军士兵都来了勇气，又转身杀回来，倭寇只好四下跑掉。

在这两三年里，戚继光和谭纶、俞大猷两位抗倭名将合作，打了好几场胜仗。倭寇在宁波、绍兴一带站不住脚，就掉头去打台州东南方向的海门卫，没想到戚继光又追到海门卫。戚继光先派出一小队明军，把倭寇从营盘【**专家解疑**：兵营的旧称。】里引出来，然后指挥预先埋伏好的三路大军一齐杀出。

🔍 **好词好句**

人心惶惶

气势汹汹

＊封侯非我意，但愿海波平。

＊戚继光看到情势很危急，连忙跳到一块大石头上，"嗖嗖嗖"连发三箭，把三个打头的倭寇都射倒了。

倭寇知道中了计，急忙退到船上，明军又用火铳攻船，烧毁了32只大船，许多倭寇都被烧死在船上，还有不少掉到海里被淹死，剩下一千多人逃到岸上，也被明军包围起来消灭了。这一仗共消灭了三千多个倭寇。在以后的两年多时间里，倭寇再没敢到浙江沿海来骚扰。

戚继光在同倭寇的作战中，感到原来的明军纪律涣散，战斗力不强，为了更有效地抗击倭寇，他决心组建一支新的军队。戚继光规定，这支军队只招收农民和矿工，绝不要城市里游手好闲的人，因为农民和矿工作战勇敢，又能遵守纪律。新兵入伍后，他对新兵说：**"你们出来当兵，拿饷银，不用再耕田种地了。要知道，这都是老百姓在养活你们。他们养活你们，是希望你们能够保护他们，如果你们不能杀倭寇保护他们，他们养活你们还有什么用呢？"**【名师点拨：从这段话中，可以看出戚继光完全是站在维护老百姓安全利益的角度上做事的，丝毫没有为自己打算。】

他还在军中制定了十分具体的赏罚条例。比如，武艺优秀的赏，作战有功的赏，遵守纪律的赏，哪怕是在日常勤务中做得比较好的也有赏。那些作战不力或者不遵守纪律的人则要受到处罚。

戚继光还根据东南沿海地区作战的特点，创立了一种名叫"鸳鸯阵法"的战术，就是让士兵们每12个人编成一队，根据每人年龄、体力、体格的特点，分别使用不同的武器，有的拿藤牌【专家解疑：原指藤制的盾，后来泛指盾。】，有的使长枪，有的用短刀，作战的时候，可以相互配合，取长补短，成为一个坚强的集体。

这支军队在戚继光的领导下，不但素质高，有严格的纪律和高昂的斗志，而且熟练掌握了军事技术和阵法，在以后抗击倭寇的战斗中发挥了巨大的作用，成为天下闻名的"戚家军"。

公元 1651 年，有一股倭寇流窜到浙江宁海，戚继光得到消息，率领戚家军赶去援救。双方在龙山展开激烈的战斗。戚家军锐不可当，打得倭寇抱头鼠窜。没想到另一股倭寇趁着戚家军离开台州的时候，来偷袭台州。戚继光接到报告，又立刻率领大军急行军七十多里，回来救台州。倭寇在离台州不远的花街摆下一字阵，想趁戚家军饥饿疲劳的时候一下子打垮他们。戚继光看到这个情况，就把自己保存多年的一副银甲拿出来，对部下说："谁能第一个立功，这副铠甲就是奖励。"有一个叫朱钰的勇士一听这话，二话不说，提着一支大铁镗，第一个冲进倭寇阵中，一气杀死了好几个倭寇头目。戚家军其他人见了，也都勇气倍增。倭寇支持不住，调头往回跑，一路上把从老百姓家抢来的金银财物丢了一地，想趁戚家军争夺财物的时候，杀个回马枪。

可是戚家军早有规定，每队只许留一人清理战利品，其他人继续追杀敌人，一直追下去四十多里，一共杀死三百多人，活捉两个头目，还有不少倭寇都掉进江里淹死了。

倭寇打不过戚家军，不敢再待在浙江沿海一带，就流窜到福建，

🔍 **好词好句**

二话不说

勇气倍增

* 戚家军锐不可当，打得倭寇抱头鼠窜。

* 可是戚家军早有规定，每队只许留一人清理战利品，其他人继续追杀敌人。

同福建的倭寇会合在一起。1562 年，戚继光率领 6000 戚家军进入福建，不到 2 个月，就消灭了倭寇在福建的 3 个主要据点。第二年，倭寇又集中 2 万多人包围了仙游，戚继光统领军队在仙游城下和倭寇大战一场，杀得倭寇血流成河，地上到处都是倭寇的尸体。从此以后，福建境内的倭患也渐渐平息了。

戚继光平定了东南的倭寇，明朝政府又调他到北方镇守蓟州、昌平、辽东、保定等地，抵抗鞑靼【**专家解疑**：①古时汉族对北方各游牧民族的统称。明代指东蒙古人，住在今内蒙古和蒙古国的东部。②俄罗斯联邦的一个民族。】（蒙古的一支）的入侵。戚继光到了蓟州以后，修筑敌台（类似现在的炮楼），加固长城，还按照当初训练戚家军的方法训练北方的明军，使北方的边防得到加强。

到了晚年，戚继光的身体一天不如一天。一位朋友看到他每次犯起病来，都不住地吐血，夜里还失眠，就劝他说："你已经功成名就，应该享受一下安乐的晚年，何必这么苦熬自己呢？"

戚继光说："我是一个武将，武将本来应该战死在沙场，能活到现在，已经是我的福气了。我守卫千里边疆，就应当让敌人一支箭也射不进来；守卫桥梁道路，就应当让敌人一匹马也不能通过；光大朝廷的恩威，就应当使塞外的部落都心服口服；安定边境民心，就应当使老百姓不再承受戍边征战的痛苦；我还应该把自己一生作战和练兵的经验教训总结出来，留给后人。这是我作为朝廷大臣的职责，也是我一生报国的志向啊！【**名师点拨**：这段描写突出表现了戚继光一心为国、一心为民的高尚情怀。】"

于谦临危保京城

于谦是明朝浙江杭州府钱塘县（今浙江杭州）人，明朝大臣。他少年时代曾经写下一首《石灰吟》：千锤万凿出深山，烈火焚烧若等闲。粉身碎骨浑不怕，要留清白在人间。在这首诗里，于谦抒发了他的远大志向，哪怕是粉身碎骨，也要给后人留下一片清白。后来，于谦实现了承诺。

1435 年，明英宗即位。他是个昏庸【**专家解疑**：糊涂而愚蠢。】的皇帝，把朝政大权都交给太监王振掌管。王振是一个非常阴险凶狠的人，他掌管大权以后，在朝廷里胡作非为，把国家闹得乌烟瘴气，边界上的防务也越来越疏忽了。北方的瓦剌（蒙古的一支）得到这个消息，就趁机打进来。

1449 年，瓦剌首领也先兵分四路，大举南侵。王振想趁这个机会立上一功，提高一下自己的威望，就劝英宗"御驾亲征"。

英宗一向听王振的话，他调集了 50 万大军，带领一百多个大臣出征，结果在土木堡（今河北怀来东）被瓦剌军打得大败，50 万兵马死了一半，剩下的一半全都跑散了，英宗本人也成了瓦剌的俘虏。后来人们把这件事称作"土木之变"。

消息传到北京，京城好像炸了锅，一片恐慌。皇太后急忙召集大

🔎**好词好句**

胡作非为
乌烟瘴气
* 消息传到北京，京城好像炸了锅，一片恐慌。

80

臣们商量怎么办。有一个叫徐有贞的大臣说："我观察过天象，这几天国家有一场大难，只有赶快把京都迁到南方去，才能躲过这场浩劫。"徐有贞的话还没有说完，就听有人大声说："谁提出放弃北京，就该先砍他的头！"

大家回头一瞧，说话的原来是兵部侍郎于谦。有个大臣说："漂亮话谁不会说，可是咱们的50万大军都让人家打败了，你拿什么守卫北京？"

于谦义正词严地说："过去南宋朝廷就因南迁最后亡了国，这个教训各位难道都忘记了吗？京城是国家的根本，只有保住根本，才能稳定大局，老百姓才能安心。请皇太后赶快传令，征调各地的勤王兵马来守卫北京。"

于谦这一番话，把那些想南迁的大臣都说得低下了头，连皇太后也被他说服了。任命于谦为兵部尚书【**专家解疑**：古代官名，明清两代是中央政府各部的最高长官。】，负责保卫北京。

于谦一上任，首先办了三件大事。第一件是铲除王振的同党。朝廷上有许多大臣早就对王振一伙人恨之入骨，这会儿还没有等到皇太后下达命令，就抓住了王振的三个同党，拳打脚踢地把他们打死了。于谦又下令将王振其余的同党全都革职查办，算是为大家出了一口气。

第二件是扩编军队。于谦一面传令给外地的军队火速来保卫京师，一面又派了15位官员，分头到山西、河南、山东等地去招兵。**老百姓**

🔎 **好词好句**

义正词严

*京城是国家的根本，只有保住根本，才能稳定大局，老百姓才能安心。

们听说要保卫京师，抵抗瓦剌入侵，都踊跃报名，京师的队伍迅速增加到22万人。【名师点拨：从百姓踊跃报名参军来看，于谦保卫京城的主张是深得民心的。】

第三件是储备粮草。当时通州官仓里存着几百万石粮食，有的大臣主张把这些粮食全都烧掉，免得瓦剌军来了让他们抢去。于谦不同意。他征调了500辆大车，把通州的粮食运到北京，同时又动员京师的老百姓有车出车，有人出人，协助士兵运粮，没几天工夫，就把通州的粮食全部运到北京。这样，粮草问题也解决了。

北京城经过这样一番准备，变得像一座堡垒那样坚固，士兵和老百姓都憋足了劲，准备给进犯的敌人一个迎头痛击。

过了不久，也先果然挟持着明英宗，带领着大批瓦剌军来了。他先派了一个使者进城面见皇太后，说："我们此次前来，是特意护送皇上归国，请你们快把城门打开迎接。"有不少大臣听了，都想借这个机会同瓦剌谈判讲和，**于谦不同意。他说："也先为人又凶残又狡猾，他借口送还皇上，其实是想麻痹我们，好趁机打进城来。"**【名师点拨：在关键时刻，于谦保持了清醒的头脑，这是极为难能可贵的。】

一位大臣说："你不肯同他们谈判，万一惹恼他们，把皇上杀了，这个责任谁担得起？"于谦理直气壮地说："国家是第一位，皇上是第二位。我不能为了皇上一个人，就拿整个国家去同敌人做交换。"他干脆把京城的9个城门都关闭得严严的，让军队驻守在城外面，还下了一道命令：两军交战，谁要后退，一律处死。

也先见于谦不为所动，就开始进攻。他先攻打北边的德胜门。于谦早就做好了准备，故意放瓦剌军靠近，然后命令城墙上的士兵发射火枪、火铳。

埋伏在大道两旁的明军伏兵也趁机杀出来，副总兵范广一马当先，首先冲入敌阵，其余的将士也人人奋勇，个个争先，把瓦剌军杀得大败。

也先在德胜门吃了大亏，又调头去打西直门，没想到也吃了败仗，他又去攻彰仪门，还是占不到便宜。这时候，北京周围一带的老百姓也自发地组织起来，截杀小股的瓦剌部队，瓦剌军好像陷入明军和老百姓的汪洋大海中，处处挨打。

经过 5 天的战斗，瓦剌军伤亡惨重，士气越来越低落，也只好先放弃攻打北京的计划，垂头丧气地撤兵回去。

这次京师保卫战，大败瓦剌军，使明朝能够继续存在下去，国家没有遭到分割，数于谦的功劳最大。

自从明英宗在"土木之变"中当了瓦剌的俘虏，明朝的皇位就空着，这对于国家来说是个不稳定因素。为了安定人心，抵抗瓦剌的入侵，于谦等人就拥戴英宗的弟弟朱祁钰当了皇帝，也就是明景帝。

也先攻打北京失败后，觉得留着明英宗已经没有用处，放了他或

🔎 好词好句

一马当先

个个争先

* 瓦剌军好像陷入明军和老百姓的汪洋大海中，处处挨打。

* 经过 5 天的战斗，瓦剌军伤亡惨重，士气越来越低落，也只好先放弃攻打北京的计划，垂头丧气地撤兵回去。

许还会有些好处，就把他送还给明朝。

英宗虽然回到北京，可是皇帝位置已经不属于他，他只能在皇宫里默默地打发日子。1457年，景帝得了病，就在他病重时，石亨、徐有贞等人假传皇太后的旨意，把英宗重新扶上皇位。

英宗对于谦当初拥戴景帝做皇帝的事怀恨在心，更不满意于谦把国家看得比他还重要，石亨等人也早就嫉妒于谦的威望。结果于谦被加上"谋逆"的罪名，死于封建皇族内部争权夺利的斗争之中。

于谦遇害那一天，天阴沉沉的，北京城里的老百姓，不管男女老少，都放声大哭。隔了没几天，北京民间便传开一首民谣：**"京都老米贵，哪里得饭广（暗指大将范广）。鹭鸶水上走，何处觅鱼嗛【暗指于谦】。"**【**名师点拨**：这首民谣表达了京城老百姓对于谦深厚的感情。】

后来，于谦的女婿把他的遗体运回故乡，埋在杭州西湖边上的三台山。明朝末年的抗清义士张煌言，曾在于谦的墓前写过这样一首诗："国破家亡欲何之，西子湖头有我师。日月双悬于氏墓，**乾坤**【**专家解疑**：《易经》的乾卦和坤卦，借指天地、阴阳或江山、局面等。】半壁岳家祠。"

张煌言把于谦和岳飞并列，说他们两人的爱国精神，就像天上高悬的太阳和明月，永远照耀人间。

史可法视死如归

公元1644年，明朝镇守山海关的总兵吴三桂投降了清朝。他带领清军进入山海关，占领了北京，许多明朝大臣都到街上排队迎接清军。

一些没有投降的人逃到南京，拥戴朱由崧做皇帝，建立起南明政权。南明大臣中，史可法的威望最高，朱由崧就任命他为兵部尚书，派他镇守扬州，抵抗清军。

史可法一心想打退清军，恢复大明江山。他到扬州以后，与士兵同甘共苦。士兵没吃饱，他决不先吃饭；士兵没添衣，他也决不先多加一件衣服。他教育士兵要提高警惕，防备敌人来偷袭。他身先士卒，整天住在军营里不回家，甚至连夜里睡觉也不脱铠甲。他还设立了"礼贤馆"，专门接待从四面八方来投奔的人士。

1645年，清豫王多铎统率大军渡过黄河，向南明大举进攻。**史可法得到报告，立刻发出告急文书，要各地派兵增援扬州，可是左等右等，也没见到一个援兵的影子，他只好横下一条心，决定死守扬州。**

【**名师点拨**：在没有援兵的情况下，史可法没有动摇，选择了死守扬州，表明了他对明朝的忠心。】

不久，清军到了扬州城下。多铎打听到守城的主将是史可法，就写了一封劝降信，让明朝降将李遇春拿着去见史可法。可是李遇春还没走到城墙跟前，就被城上一阵乱箭给射回来了。

多铎以为李遇春没把话说明白，又派了一个使者去劝降。史可法叫人把那个使者绑起来，扔到了护城河【**专家解疑**：人工挖掘的围绕城墙的河，古代为防守用。】里。后来多铎又一连给史可法写了 5 封劝降信，史可法连信封都没拆开，就给烧了。

多铎气急败坏，立刻指挥大军，把扬州城里三层外三层包围起来。史可法知道一场残酷的大战就要开始了。他把全体将士集合起来，说："扬州是南京的屏障，如果扬州失守，南京就很难保住，我决心死守扬州。"

他从坚守扬州的重要性说到国家面临的危急形势，从国家的危急形势说到古代仁人志士为国家前赴后继慷慨捐躯的动人事迹，说到激动时，他忍不住放声大哭，哭得连血都从眼睛里流出来，把身上的战袍染红了。将士们没有不感动的，都举着兵器说："史大人放心，我们愿与扬州共存亡！"

第二天，清军开始发动进攻。多铎专门调来红衣大炮，对着城墙猛轰，打破了好几处城墙。史可法指挥扬州军民，英勇抵抗，用沙袋堵住城墙缺口，一直激战到晚上，才把清军打退。

🔍 **好词好句**

里三层外三层

前赴后继

* 说到激动时，他忍不住放声大哭，哭得连血都从眼睛里流出来，把身上的战袍染红了。

* 史可法指挥扬州军民，英勇抵抗，用沙袋堵住城墙缺口，一直激战到晚上，才把清军打退。

史可法知道扬州迟早要被攻破，就对几位心腹将士说："我已经下了决心，扬州被攻破之日，就是我史可法舍身报国之时，哪一位将军愿意到时候助我一臂之力？"将士们都拿袖子擦眼睛，难过得说不出话来。有一个叫史德威的副将说："末将愿助大人一臂之力。"

史可法听了非常高兴，就说："我没有儿女，从今以后，你就是我的义子。"

清军一连攻了3天，都没有攻下扬州。到了第四天，多铎又调来许多红衣大炮，集中起来轰击扬州城的西北角，把城墙轰塌了，大批清军就从这个口子涌进城里。扬州城终于失守了。

史可法见城已被攻破，立刻拔出宝剑要自杀，身边的几个将士扑上去抱住他的胳膊，不让他下手，急得他放声大喊："德威在哪里？快来帮我一把！"史德威在一旁直淌眼泪，怎么也下不了手。

将士们就保护着史可法往外冲，没想到正好遇到一大队清军人马，所有的将士都战死了。有的清兵还想拿刀往没有断气的明军将士身上砍，史可法大喊一声："住手！我是史可法！"他的双眼散发出的坚毅的光芒，把清军都吓了一大跳。他们立刻围住他，带他去见多铎。

多铎说："史先生，我过去给你写了许多信，你都没有回音，现在你落到我的手里，是不是可以改变主意了呢？"

🔍 好词好句

坚毅

＊他的双眼散发出的坚毅的光芒，把清军都吓了一大跳。

史可法瞪着眼睛说："我身为大明的臣子，决不会贪生怕死，做背叛国家的事情，你要杀就杀，不用废话。"

多铎很钦佩史可法的忠肝义胆，又说："你对明朝已经尽了忠心，我们大清也很敬佩先生的为人，只要你归顺我们……"

没等他把话说完，史可法就斩钉截铁地说道："我早已决心同扬州共存亡，今天扬州既然已经被你们打破了，我只求一死，决不会投降你们。"多铎叹了口气，说："可惜明朝像你这样的忠臣太少了，今天我就成全你吧。"

一代名将史可法就这样殉国了。**虽然史可法肉体已经不存于世，但他那种为国视死如归的精神却永存后世，成为后世宝贵的精神财富。**

【**名师点拨**：对史可法为国视死如归的精神进行了高度颂扬。】

林则徐为民抗命

清朝的时候，长江下游的江苏省，差不多是连年水灾。1833 年，林则徐任江苏巡抚【**专家解疑**：古代官名，明代称临时派遣到地方巡视和监督地方民政、军政的大臣，清代称掌管一省民政、军政的长官。】。夏天，来了一场特大洪水。大片土地都被淹没，农民辛辛苦苦种的庄稼，眼看就快收割了，可是不到一夜工夫，全让洪水冲垮了。

这场洪水把人们推进了灾难的深渊。水灾过后，接着就是可怕的饥荒。凡是可以吃的东西，全被大水冲走或者淹坏了。人们把树皮草根都啃光了。十家有九家被饿死。有的地方还出现了吃人肉的可怕事情。

为了救济灾民，林则徐尽可能地采取了一些措施：给灾民分发粮食、衣服；收养无家可归的老人小孩；让有钱人捐款；叫地主减租，借给租子【**专家解疑**：地租。】，把粮食拿出来卖；禁止用粮食酿酒等。

正当江苏的老百姓挣扎在死亡线上的时候，北京皇宫里的道光皇帝却一再催促林则徐收齐税银和公粮，准备用江南几省的税银和公粮修建一座打猎时住的宫殿。

林则徐想到老百姓都要生活不下去了，拿什么交钱粮呢？就给皇帝写了一份详细的报告，诉说江苏惨重的灾情，请求皇帝开恩【**专家解疑**：给予宽恕；施与恩惠（多用于向人求情）。】，免征税银和公粮。

皇帝一看，心中不悦，心想：你林则徐不去催收钱粮，倒来帮老百姓说话，真是岂有此理！就提起笔来，在林则徐的报告上批了两行字，大意是：你不为国家尽忠，不替朝廷着想，倒会替老百姓诉苦。你是想图个好名声！

皇帝以为这样一来，林则徐就会马上认错服输，乖乖地去催税逼粮了。可林则徐却不愿意去向受苦受难的灾民勒索钱粮，他决心豁出性命，继续向皇帝报告。他想多请几个人联名写，好让皇帝重视起来，认真考虑他们的意见。

可是，那些人都是胆小鬼，怕惹皇帝不高兴，招惹是非，所以，都支支吾吾地耍滑头。于是林则徐就以个人的名义又给皇帝写了一份奏章，意思是：老百姓是国家的根本，吃饭是老百姓的头等大事，所以关心老百姓的生活，正是为国家着想。如果我不是以国家的事情为重，而是为了讨好老百姓，图个好名声，那我就对不起皇上，天地也不能容许啊！我虽然愚笨，但也不能这样做。

江苏一向被称为繁华富饶的地区，各种商品都在这里聚集和销售。可是如今，做生意的到这里无利可得，干活的也无事可做。往年愁的是没有买米的钱，今年愁的却是没有可买的米。白天，雾气沉沉；夜晚，凄风苦雨。

长江两岸是各省的通道，本省和外省的官员都不少，一切真实情况都瞒不过众人的耳目。如果我捏造事实，虚报灾情，那是不会没有人检举的。我只请求向老百姓少要一分钱粮，好替国家多培植一分元气。不然的话，就是把老百姓都抓起来，他们也还是一粒粮食也交不出来，反而会闹出事来……

林则徐的这份奏章写了几千字，有理有据。不但把"图个好名声"的罪名推翻了，而且把利害关系、前因后果都说得一清二楚。

道光皇帝接过奏章，觉得林则徐真是胆大包天，竟敢顶撞他，真是不要脑袋了！可越往下看，越觉得林则徐说的倒也是实话，不是没有道理，如果真的逼出事来，不好收拾。于是就把原先想写的"所请不准"改为"准予暂停征收"。【名师点拨：林则徐担着被杀头的风险，毅然为民请命，表明了他一心为民的高风亮节。】

这消息很快就在老百姓中间传开了。人们都说林则徐是敢给老百姓说公道话的好官，那份奏章也成了珍贵的文献，人们争着抄录和传阅。

🔎 好词好句

凄风苦雨
* 不但把"图个好名声"的罪名推翻了，而且把利害关系、前因后果都说得一清二楚。

名家品评

　　"苟利国家生死以，岂因祸福避趋之"，这铮铮誓言彰显出林则徐为国为民勇于牺牲的大无畏精神。屈原、卫青、霍去病、班超、祖逖、文天祥、戚继光、于谦、史可法、林则徐，哪一个人物不是响当当的爱国之士，哪一个人物没有做出让人感动的爱国壮举？文中通过对这些爱国人物感人事迹的记述，让我们了解到他们内心深处的爱国情结。文章事例典型，感染力强，教育意义大。

阅读思考

　　1. 屈原投汨罗江的根本原因是什么？

　　2. "匈奴未灭，何以家为"表现了霍去病什么精神？

　　3. "京都老米贵，哪里得饭广。鹭鸶水上走，何处觅鱼嗉。"这首民谣运用了什么修辞手法，表现了民众什么态度？

过而能改，善莫大焉

"过而能改，善莫大焉。"认识错误并勇于改正错误也是一种美德。廉颇对官职在他之上的蔺相如愤愤不平，扬言要羞辱蔺相如。蔺相如从大局出发，尽量避免与廉颇碰面，尽可能忍让廉颇的挑衅。廉颇获悉蔺相如的真实想法后，认识到自己的错误了吗？他又是如何做的呢？

表真心负荆请罪

廉颇是春秋时赵国的大将，他智勇双全，是赵国安邦定国的支柱。可他有一大弱点，那就是比较看重个人的名利。

蔺相如被封为上卿，担任宰相【**专家解疑**：我国古代辅助君主掌管国事的最高官员的统称。】之职，朝见国君时，其位置排在廉颇的前边，对此廉颇心中极为不快。这天下朝回到家中，廉颇越想越觉得愤愤不平："我身为大将军，驰骋疆场，出生入死，攻城略地，屡建奇功，声名远扬，这容易吗？而他没有缚鸡之力，地位竟然在我之上。"

92

他在房中急速地踱着步，时而注视一下墙上的宝剑，牙齿咬得吱吱响；时而急速地摇摇头，用拳头击打着掌心。

在座的人都很吃惊，但谁也不敢说一句话。沉默良久，有个门客大着胆子说道："将军心中有何不快之事，说出来大家也好给您宽慰宽慰。"

廉颇愤愤地说："有什么可宽慰的！他蔺相如有什么能耐？不就是凭着那三寸不烂之舌，一副伶牙俐齿，保住了一块小小的和氏璧，逼着秦王击了一下缶吗？"

听到这里，那些人才明白原来是为蔺相如升迁之事。他们自然也心怀不满，因为这也关系到他们的利益。于是有的人便火上浇油起来，"蔺相如的高位来得也太容易了！要论能说会道，恐怕在座各位也不比他差，只是没有他运气好罢了。""廉将军和他比呀，那真是天上地下了！""凭他本来只不过是个食客还要排在大将军的前边，真不能让人忍受！"

大家你一言他一语，廉颇越听火气越大，便咬牙切齿地说："叫我坐在这卑贱之人的下首，简直是一种莫大的侮辱。我见到蔺相如非羞辱他不可！真真气煞我也！"

🔍 **好词好句**

三寸不烂之舌
火上浇油
＊蔺相如的高位来得也太容易了！要论能说会道，恐怕在座各位也不比他差，只是没有他运气好罢了。
＊廉将军和他比呀，那真是天上地下了！

廉颇生性耿直，喜怒哀乐全挂在脸上，从不掩饰自己的好恶。

蔺相如知道强秦的一次次进犯是廉将军统率大军击退的，就是自己"**完璧归赵【专家解疑**：借指原物完整无损地归还本人。】""渑池斗秦王"的事情，胆量也是来自廉将军这强大的后盾，功劳也有廉将军的一半。

最近听说廉将军为此事非常生气，而且扬言要侮辱自己，他知道老将军正在气头上，自己的心情是无法同他说清楚的。怎么办呢？只有忍让是上策。

一连几天，蔺相如都称自己有病，不能上朝。可这终究不是解决矛盾的办法，他还是想同人商量一下。这天，相如乘车去缪贤府，冤家路窄，正好碰上了廉颇。

蔺相如的车仗正行之间，他远远看见廉颇骑着一匹雪白的骏马，闪电一般飞驰而来，从人前呼后拥，好不气派。

蔺相如见状，急对手下人说："快！快让道！"从人不敢**怠慢【专家解疑**：①冷淡。②客套话，表示招待不周。】，立即调转车头，向小巷中驶去。廉颇催马来到近前，一看是蔺相如的车仗，一句客气话也没有，仰面大笑，扬长而去。手下人等也扬扬得意，比打了胜仗还高兴。

蔺相如宽宏大度、一再退让的做法，引起了门客们的非议和责难。特别是让道之事，似乎使他们丢尽了脸。第二天，他们相约来见相如，开门见山地说："蔺大人，我们这些人抛亲离友，到您这里做事，是因为仰慕您崇高的品德。"

"多谢各位!"蔺相如诚心地说。

"可这几个月来,我们实在憋气,我们想不通,您和廉将军同为上卿,而且您的位置又在他之上,他到处说您的坏话,而且扬言要羞辱您。"

"你们切不可道听途说。"蔺相如告诫说。

"可事实上您老是躲着他。就拿昨天的事情来说,凭什么我们要给他让路?他那高傲的神情,实在叫人受不了。"

"就连廉颇的那些随行人员都不正眼看我们。"有人补充说。

"是呀,我们也不比他们低一等嘛!"有人随声附和。

"蔺大人,我们无能,请允许我们离开!"大家异口同声地说。

"你们真的要离开?"相如微笑地望着他们,继续说,"我问你们一个问题,"大家的情绪平静下来,"你们说说,是廉将军厉害,还是秦王厉害?"

"当然是秦王厉害喽!"大家同声回答,用不解的眼光望着蔺相如。

"对嘛,凭秦王那样的威势,我都敢以身犯险,深入虎穴,在他的朝廷上呵斥他,侮辱他的群臣。"

🔍 好词好句

随声附和
异口同声
* 他那高傲的神情,实在叫人受不了。
* 对嘛,凭秦王那样的威势,我都敢以身犯险,深入虎穴,在他的朝廷上呵斥他,侮辱他的群臣。

大家听着都不住点头，流露出敬佩的目光。蔺相如接着说："我蔺相如再无能，难道仅仅怕一个廉将军吗？"

"是呀！"大家沉思起来。

"但是，我想，强秦之所以不敢派兵攻打赵国，是因为有廉将军和我两人在。"相如扫了一眼大家，接着说，"两虎相斗，必有一伤。高兴的只能是秦王，可受害的却是赵国百姓啊！"【**名师点拨**：蔺相如是站在让赵国安全的角度去考虑并处理此事的，这说明了他懂得顾全大局，同时也说明了他有着宽广的胸襟。】

"那就该这样委曲求全吗？"大家虽然觉得蔺相如言之有理，但仍余怒未息。

"我这样委曲求全，是以国家利益为重呀！"

"蔺大人真是深明大义啊！"大家由衷地赞颂蔺相如。

"再说，廉将军是个以国事为重的人，过一段时间他自然会明白过来的。"蔺相如说得很坦然真诚，对廉颇充满了敬意和包容。

蔺相如的这一番肺腑之言，很快就传到了廉颇的耳朵里。这位老将军坐不住了。心中就像打翻了五味瓶，苦辣酸甜，难以言表。被自己瞧不起的"卑贱之人"尚且处处想着国家利益，不计个人恩怨，而自己是一位堂堂的大将军，却这样目光短浅，为一个位次先后的芥豆之事而耿耿于怀，置国家安危于不顾，一旦为此招来外患，自己将何以面对赵王，何以面对百姓啊！再说，传扬出去，各国诸侯会怎样看自己？

想到这里，廉颇不禁出了一身冷汗，头脑一下子清醒了。于是，

他脱去上衣，背着荆条，让宾客在前引路，徒步穿街过巷，径直来到蔺相如门前。蔺相如听到禀报，急步出门相迎。廉颇一见蔺相如纳头便拜。蔺相如哪里敢受大将军如此重礼，赶忙还礼相搀。

"老将军不必如此，快快请起，快快请起！"

"廉颇乃一介武夫，见识短浅，不知道蔺大人宽厚忍让到如此地步。今日特来负荆请罪，请大人处治。"廉颇诚恳地说。

廉颇光明磊落的胸怀，勇于改错的精神，使蔺相如深受感动，两个人不但**冰释前嫌**【专家解疑：冰释，像冰一样融化。比喻以前的误会、怀疑、嫌隙等矛盾完全消除。】，关系也更加融洽，开始尽心尽力地共同辅佐赵王治理国家。

浪子回头金不换

周处，西晋时阳羡人，字子隐，是三国时期孙吴将领周鲂的儿子。周处个子高大，体力超过常人。他喜欢骑马驰驱，爱好在田野里打猎。

由于周鲂很早就过世了，周处从小没人管束，成天在外面游荡，不肯读书；而且脾气暴躁，常在外面惹是生非，与人斗殴，动不动就打人，甚至动刀使枪，不注意品行的修养和陶冶，一味地放狂、横行乡里、欺侮他人。因此家乡的人都很害怕他，把他看成一大祸害。当时阳羡邻近的南山有吊睛白额猛虎，经常出来伤害百姓和家畜，当地的猎户也制服不了它；村旁河里长桥下，有一条大蛟（一种鳄鱼），常常跃出水面，吞食船上的旅客、渔民，出没无常。当地的人把周处和南山白额虎、长桥大蛟联系起来称为"三害"，而这"三害"之中，最使老百姓感到头痛的还是周处。【名师点拨：把周处和猛虎、大蛟并列，并称之为"三害"，可见人们对周处的痛恨。】

一次，周处看见几位父老聚在一起，人人唉声叹气，个个面带愁容。周处觉得奇怪，问父老们："今年风调雨顺，庄稼丰收，为什么大家还是愁眉苦脸、唉声叹气呢？"

父老们没好气地回答："三害没除掉怎么高兴得起来呀！"周处不懂这话的意思，又问："什么叫三害？我怎么不明白呀？"

父老们说·"南山上的白额猛虎，长桥下凶恶的蛟龙，加上你周处，不是三害吗？"【名师点拨：乡亲们的直言相告表示了他们对周处的痛恨之情。】

🔎 好词好句

惹是生非
动刀使枪
*一味地放狂、横行乡里、欺侮他人。

周处听了，红着脸想：原来乡间百姓都把我当作虎、蛟一般的大害了，没想到自己竟凶恶到这般地步，心中不免大吃一惊。要在平日，他准会火冒三丈，跟父老们打起来。可他冷静下来仔细想了想，决定改过自新。他诚恳地对父老们说："既然大家都为三害苦恼，我一定除掉它们。"

周处说干就干，果然带了弓箭，手持利剑，跑到南山找白额猛虎去了。没费太大功夫，周处就杀死了那只白额虎，把它拉了回来。乡亲们纷纷称赞周处的勇敢。

周处又跑到长桥之下，跳进河中，跟蛟龙展开搏斗。蛟龙可比猛虎难对付得多，它一会儿浮上水面，想要咬人，或者猛甩尾巴、击水呛人；一会儿又潜入水中，伺机反扑过来。幸亏周处水性极好、武艺又精，在水中沉浮进退，躲闪腾挪，一瞅准机会，就拿利剑向蛟龙猛刺过去。蛟龙挨了几刀，不敢再逞凶，就潜入水中逃跑了。周处紧追不放，蛟龙游行了 30 里，周处也追赶了 30 里。

三天三夜过去了，周处还没有回来，大家议论纷纷，认为这下周处和蛟龙一定两败俱伤，都死在河底了，都当作大喜事、奔走相告。

不想到了第四天，周处竟安然无恙地拖着蛟龙的尸体上岸来了。

🔎 好词好句

躲闪腾挪

安然无恙

*蛟龙可比猛虎难对付得多，它一会儿浮上水面，想要咬人，或者猛甩尾巴、击水呛人；一会儿又潜入水中，伺机反扑过来。

*周处紧追不放，蛟龙游行了 30 里，周处也追赶了 30 里。

原来，大蛟受伤以后，被周处一路追击，最后流血过多，动弹不得，终于被周处杀死了。

周处爬上岸来，看见人们在互相庆贺，这时他才明白：乡亲们憎恨自己到了何种程度。他很苦恼，怀着沉重的心情，决定去吴县寻访名士陆机、陆云，请求他们指点。

陆机、陆云是东吴大将陆抗的儿子，在当时非常有名。周处找到他们，碰巧陆机已经外出，只有陆云在家。周处见了陆云，把自己的情况讲述了一番，最后说："我本来想改恶从善，但是已经耽误了很多时间，年龄也大了，如今决心改过，恐怕来不及了啊。"

陆云见这个后生态度诚恳、坚决，就热情地开导他说：**"古人有言，早晨知道自己的过失，晚上改过来，就是好样的，'浪子回头金不换'，一个人就怕没有远大的志向，你还年轻，前途不可限量。"**【智慧引路：*正如文中所说"浪子回头金不换"。人难免犯错误，犯错误之后重要的是要认识到错误，并改正错误。*】

周处听到这番鼓励的话之后，感到信心倍增。他辞别陆云，回到家乡，从此用功学习，刻苦钻研，学问大有长进。他仰慕古时候的贤人、烈士，立志向他们学习。他说了什么话，就切实地去做；对人有什么许诺，一定身体力行，绝不失信；如果产生了不正确的念头，就努力克制自己，避免发生错误的行为。

乡亲们看到周处改过自新的实际行动，都非常高兴，从此不但不怕他、不恨他，而且关心他、鼓励他。周处的事迹，在义兴一带被传为了美谈。一年以后，当地州府召他出来做官。后来，他在东吴朝里担任了编修历史的东观左丞。

晋武帝司马炎统一中国后，周处被朝廷任命为新平（今陕西彬县一带）太守。新平为汉、羌杂居地区，过去地方官吏随意迫害少数民族，常常引起少数民族的反抗。周处到任后，安抚、尊重少数民族，使这一地区的民族关系十分融洽。

后来因为母亲年老，周处辞官回家，侍奉母亲。过了些日子，上司召他去楚地做官。楚地是长期战乱的地方，到处都是没有收拾的尸骨，民生凋敝【**专家解疑**：①残缺破败。②（生活）困苦；（事业）衰败。】。周处到任后，叫人把尸骨收敛埋葬，发展生产，不长时间，就把这一带治理得不错了。远近的人们都称赞他，尊称他为周府君。不久，周处调到洛阳朝廷里做官。先任散骑常侍，后任御史中丞。

周处在任御史中丞时，只要知道官员们有不法行为，不管是皇帝的宠臣，还是皇亲国戚，他都无所顾忌，出来检举弹劾。**晋武帝的叔父司马肜经常违反国家法令，贪污受贿，欺压百姓。周处将其检举后，司马肜怀恨在心。**【**名师点拨**：周处不畏强权，得罪了司马肜，为以后司马肜陷害他埋下伏笔。】

公元296年，氐族首领齐万年起兵反晋，朝廷命司马肜为征西大将军，任命周处为建威将军，归司马肜和安西将军夏侯骏指挥，讨伐齐万年。齐万年听说司马肜、夏侯骏指挥周处，对手下人说："周处是一位文武全才，如果由他单独带兵前来，谁能抵挡？"

齐万年率领 7 万人马屯驻在梁山，司马彤和夏侯骏命令周处带领 5000 人出击，但又不派遣增援部队。周处争辩说："敌人的军队超过我们数十倍，以寡击众，军无后继，必定失败。失败了不仅损兵折将，而且是国家的耻辱。"司马彤和夏侯骏不听周处的话，还硬逼着他进军。

军令不可违，周处只得与另外两名将领领兵进军。周处的军队打得非常激烈、艰苦，连喘息一下的工夫都没有，从早晨战到天黑，军士们连饭都没有吃，而司马彤却一个劲儿地传令速进。

周处身先士卒，和将士们一起杀死和俘获了很多战俘，到后来箭也用完了，弓弦也断了。情况危急，左右劝周处退兵，周处说："**我一退兵，全线就完了，这是我报效国家的时候了。**"【**名师点拨**：周处将个人生死置之度外，而将国家利益放在首位，表现了他满腔的爱国热忱。】说罢拼尽全力冲入敌阵，又斩杀了一些敌人，最后被敌军围击，力战而死。

陈寿公正写历史

晋朝有位杰出的史学家叫陈寿，他写了一部史书《三国志》。《三国演义【**专家解疑**：①敷陈义理而加以引申。②以一定的历史事迹为背景，以史书及传说的材料为基础，增添一些细节，用章回体写成的小说。】》的全名叫作《三国志通俗演义》。这部书就是根据陈寿的《三国志》改编加工而成的。

陈寿在写《三国志》前，做了大量的调查研究工作。他翻阅了"原三国"留下的各种文献记录，搜集了大量的私人笔记资料，还到许多重大事件发生的地点做现场勘察，决心把这段历史写得真实、准确。

可是，有一段时间，陈寿忽然停笔了，而且人们看见他总在书房来回踱步，常常陷入沉思。不知是怎么回事。

原来，陈寿家中不久前来了一个亲戚，发现陈寿正在写"诸葛亮传"这一章，就问陈寿打算如何写诸葛亮这个人。陈寿说诸葛亮是一位功不可没的历史人物。

亲戚听了很生气，责备陈寿忘记了家仇。

原来，陈寿一家在三国时是蜀国人，他父亲曾是诸葛亮手下的一员将官。一次，他父亲办事时犯了错误，被执法严明的诸葛亮狠狠地训斥了一顿，还按军法惩罚了他父亲。陈寿的父亲愧悔交加，从此再也没有振作起来。慢慢地，他忧郁成疾，最终一命归天【**专家解疑**：婉辞，指人死。】了。

后来，陈寿又受到**宦官**【**专家解疑**：君主时代宫廷内侍奉帝王及其家属的人员，由阉割后的男子充任。也叫太监。】的迫害，处境十分凄凉。因此，陈寿一家认为他们落到这步田地，都是诸葛亮造成的，心中十分怨恨诸葛亮。

现在，听亲戚这么一说，陈寿也不禁彷徨起来。他想，诸葛亮一生励精图治，公而忘私；而且南征北战，百战百胜，的确是位了不起的人物，按理说，应该实事求是地把这些写出来，可是，自己一家的遭遇，又使他在感情上对诸葛亮有些复杂，而且，如果照实写，亲戚们也不会原谅他。到底该怎样写呢？

陈寿心里很乱，于是，他干脆停下笔来，想把自己的思绪理清楚。这天，一位朋友来看他，陈寿憋不住，就把心里的苦恼告诉了朋友。

那位朋友听后说："人们都称赞司马迁的《史记》，说它正直公允，正确无误，不虚假赞美，不隐瞒丑恶。你这部《三国志》是否也能如此呢？"

听了朋友的话，陈寿一下子醒悟过来：是啊，作为一个历史学家，首先要做到的就是公正无私。当年司马迁宁肯得罪皇上，也要尊重事实，秉笔直书。现在，我难道能为自己私人的恩怨而歪曲历史吗？那我不是成了千古罪人了吗？

陈寿又飞快地写了起来，很快"诸葛亮传"就写成了。陈寿还特地把这一篇文章拿去给朋友们看，请他们提出修改意见，生怕自己有什么写得不公正的地方。

后来"诸葛亮传"成了《三国志》一书中最精彩的部分之一。

🔍 **好词好句**

公正无私

＊陈寿心里很乱，于是，他干脆停下笔来，想把自己的思绪理清楚。

＊现在，我难道能为自己私人的恩怨而歪曲历史吗？那我不是成了千古罪人了吗？

名家品评

"过而能改，善莫大焉"是中华美德的一种体现。这句话源自《左传》中的一个历史故事。从那个时候起，这种行为就被视为是一种君子行为，一种难得的美德。到现在，几千年过去了，人们依然视其为一种重要的美德，可见其重要性。文章选取了廉颇负荆请罪、周处改过自新、陈寿公正记载历史几个典型例子来彰显这种美德。文章事例得当，表述清晰，完好地传达出文章的思想内涵，教育意义深远。

阅读思考

1. 廉颇为什么对蔺相如愤愤不平？

2. "保住了一块小小的和氏璧"说的是什么历史故事？

3. 根据本章的主旨，想想还有什么类似的故事？

内不欺己，外不欺人

"内不欺己，外不欺人"讲的是诚信，曾子教育儿子说话要算数，要说到做到。为给儿子树立诚信的榜样，曾子在妻子赶集回来后将猪杀了，只因为妻子曾答应儿子赶集回来杀猪吃。这是外不欺人。许衡不因梨树没有主人而采摘，因为梨树虽然无主，但自己内心是有主的，这是内不欺己。看看文中还讲了哪些这方面的故事？它们能给我们带来什么样启示？

曾子杀猪为诚信

曾子名参，字子舆，春秋末期鲁国南武城（今山东费县）人，是孔子的得意门生【**专家解疑**：①学生。②科举考试及第的人对主考官的自称。】。他博学多才，诚实守信，因此人们都尊敬地称他"曾子"。

有一天，曾子的儿子与小伙伴在玩游戏，其中有一个男孩耍赖，结果闹得不欢而散。曾子的儿子回家后把此事告诉了父亲。

曾子教育儿子说："小孩子说话要算数，要说到做到。做不到的事情不能轻易答应，不然，别人会以为你说谎，不讲信用。"儿子听后点了点头。

第二天上午，曾妻要到**集市【专家解疑**：农村或小城镇中定期买卖货物的市场。**】**上去买东西，还不太懂事的儿子拉着她的衣襟，哭着闹着也要跟着去。

曾妻劝儿子说："乖孩子，娘到集市上要买很多东西，那里人太多太挤，路又很远很远，带着你去实在不方便。你就在家跟小朋友玩儿吧！"可是儿子就是不听，还是哭哭啼啼闹个不停。

正在屋里读书的曾子听到儿子的哭闹声，连忙出来帮着劝说，儿子的哭声才小了一些。**曾妻为了赶快出门，就哄儿子说："乖儿子，你要是不哭了，在家好好玩儿，等我赶集回来就让你爹杀猪给你吃肉。"**

【名师点拨：曾妻的这番话为后来曾子的行为做了铺垫，与后文相互照应。**】**

儿子一听要杀猪吃肉，马上破涕为笑，高兴地喊着："我不哭了，要杀猪吃肉了！"

太阳落山的时候，曾妻从集市上买完东西赶回家中，只见家里养的那头小猪已经被捆了起来，在那里大声号叫。曾子正在磨刀，准备杀猪。儿子也站在旁边，高兴得不得了。儿子看见娘回来了，就蹦蹦跳跳地迎上去说："我爹要给我杀猪了！我要吃肉了！"

曾妻见这情景，急得尖叫一声，赶紧过来阻止。她气呼呼地质问曾子："你疯啦！今天既不是过年过节又没有贵客临门，你杀哪门子的

🔍 **好词好句**

气呼呼

* 曾妻见这情景，急得尖叫一声，赶紧过来阻止。

猪啊？"

曾子反问道："你临走时不是说，儿子不哭了就给他杀猪吃肉吗？"曾妻这时才想起自己上午哄骗儿子的话，忙说："我那是为了不让他跟我去集市，哄他的。你怎么就当真了？"

这时，曾子语重心长地对妻子说："你要知道，孩子是哄骗不得的。儿子年幼，什么都还不懂，只会学父母的样子，相信父母的话。**父母的一言一行，都会在儿子的脑海里打下深深的印记。**【**名师点拨**：父母是孩子的启蒙老师，对孩子的言行有很大的影响。因此，父母要给孩子做好表率。】因此，做父母的一定要言而有信，说话算数。怎么能哄骗他呢？俗话说'有其父母必有其子女'。如果父母不诚实，孩子就会撒谎；如果父母不守信用，孩子便会经常骗人。难道你愿意让我们的儿子养成说话不诚实、经常骗人的坏毛病吗？你现在想想，这猪该不该杀？"

曾妻觉得曾子的话有道理。她当然不想让儿子养成坏毛病，而是和曾子一样，想把儿子培养成一个"**言必信，行必果**"，有高尚道德情操的人。于是，她就挽起了袖子，帮助曾子杀了小猪，给儿子吃了肉。

🔍哲理名言

言必信，行必果。

柳季以信用为宝

春秋时期，鲁国有个宝贝，叫岑鼎。这只岑鼎形体巨大，气势宏伟雄壮，鼎身上还由能工巧匠铸上了精致美丽的花纹，让人看了有种叹为观止的感觉。

鲁国的国君非常看重和珍爱岑鼎，把它看作镇国之宝。鲁国的邻国齐国幅员广阔、人口众多，国力强盛。为了争夺霸权，齐国向鲁国发起了声势浩大的进攻。鲁国较弱，勉强抵挡了一阵就全线溃败了。鲁国国君只得派出使者，去向齐国求和，齐国答应了，但是有个条件：要求鲁国献上岑鼎以表诚意。

鲁国的国君很着急，如果不献吧，齐国不愿讲和；献吧，又实在舍不得这个宝贝，如何是好呢？正在左右为难之际，鲁国有个大臣出了个主意："大王，齐人从未见过岑鼎，我们何不另献一只鼎去，谅他们也不会看出来。这样既能签订和约，又能保住宝贝，难道不是个两全之策吗？"

"妙啊！"鲁国国君拍手称是，大喜道，"就照你说的办！"

🔍 **好词好句**

声势浩大

* 这只岑鼎形体巨大，气势宏伟雄壮，鼎身上还由能工巧匠铸上了精致美丽的花纹，让人看了有种叹为观止的感觉。

【名师点拨】：从这句话中，可以看出鲁国国君是个不讲诚信的人，来引出后文讲诚信的鲁国百姓柳季。】于是，鲁国悄悄地换了一只鼎，假说是岑鼎，献给了齐国的国君。

齐国国君得了鼎，左看右看，总觉得这只鼎虽也称得上是巧夺天工，但似乎还是不如传说中那样好，再加上鲁国答应得这样爽快，自己又没亲眼见过岑鼎，这只鼎会不会是假的呢？用什么方法才能验证它的真伪呢？要是弄得不好，到手的是一只假鼎，不仅自己受了愚弄，齐国的国威也会大大受损。

他思前想后没有法子，只得召集大臣一块儿商量。

一位聪明又熟悉鲁国的大臣说："臣听说鲁国有个叫柳季的人，非常诚实，是鲁国最讲信用的人，毕生没有说过半句谎话。我们让鲁国把柳季找来，如果他也说这只鼎是真的，那我们就可以放心地接受鼎了。"

齐王同意了这个建议，派人把这个意思传达给了鲁国国君。

鲁国国君没有别的路可走，只得把柳季请来，对他把情况讲明，然后央求他说："就请先生破一回例，说一次假话，以保全宝物。"

【名师点拨】：鲁国国君亲自央求自己国家的百姓，为鲁国保全宝物，不知结

110

果如何，这就设置了悬念，吸引读者读下去。】

柳季思虑了半晌，严肃地回答道："您把岑鼎当作最重要的东西，而我则把信用看得最为重要，它是我**立身处世**【**专家解疑**：指做人和在社会上待人接物的种种活动。】的根本，是我用一辈子努力保持的东西。现在大王想要微臣破坏自己做人的根本，来换取您的宝物，恕臣不可能办到。"

鲁国国君听了这一番义正词严的话之后，知道再说下去也没有用了，只得将真的岑鼎献给了齐国，签订了停战和约。

范式守信赴约

东汉永平年间，一个明朗的秋日，在汝南郡（郡治在今河南平舆一带）的一个村子里，青年学者张劭正在自家的庭院中来回踱步，不时侧耳听听院外的动静，好像在等什么人。他嘴里不住地叨念着："巨卿兄怎么还不到呢？"

他说的这个巨卿，就是山阳郡（郡治在今山东金乡）人范式。范式字巨卿，是张劭在太学里的同学，两人多年**寒窗**【**专家解疑**：借指艰苦的读书生活。】相伴，结下了深厚的友情。两年前，他们同日离开京都洛阳回家，分手的时候，两人依依不舍，洒泪而别。那一天正好是九九重阳节，他们约定两年后的今天，范式来汝南郡探望张劭。

光阴飞逝，两年的时间转眼就过去了。越是临近约定的日期，张劭的心情就越是不能平静。他急切地盼望着与好友重新欢聚，以致坐

卧不宁，寝食不安。

张劭的老母见儿子这样，怕他急坏了身子，就劝他道："儿啊，何必如此心焦，朋友之间，总有机会见面的。再说，山阳郡离咱们这里有上千里的路程，又是两年之前随口说的一句话，到现在人家怕是早忘记了，你也别太认真了。"

张劭认真地答道："娘，您不了解巨卿，要说巨卿这人，那是当今天下数一数二的诚实君子，他做事情，从来没有违反过大义；**他说过的话，从来没有不兑现的。讲好要来，他是绝不会失约的。**【智慧引路：*这句话表明了张劭对好友范式的信任。讲究诚信是人的一种美德。*】"

"你这孩子啊，真是实心眼！好吧，我就给你准备酒宴招待客人吧。唉，我只是怕你急坏了身子啊。"

"不会的，巨卿一到，我还会高兴得年轻几岁呢！您就放心地去准备吧。"

重阳节终于到了，张劭一家人早早起来，把酒杀鸡，忙活了半天，备好了一桌丰盛的酒菜。可是，范式还没出现。张劭简直望眼欲穿了，

他整好衣装，疾步走到村头，站在大树下等候。

眼看到了正午，正是两年前他们分手的时刻。这时候张劭见一辆马车从远处飞奔而来，车到大树下停住，下来一个书生打扮的中年人，疾步跑来，张邵定睛一看，来人正是范式！

两人跑到一起，各施大礼，然后紧紧拥抱。张劭说："大哥果然不远千里，赶来赴约。不过，为何不早到几天，让小弟等得好心焦啊！"

"贤弟，只怪我心里着急，又加上饮食不慎，途中病倒在客栈里。要不是店家好心照看，我几乎要丧命了。"【**名师点拨**：范式是因为病倒了，才没有早来与好友相会。这番话与前文张劭的话相互照应。】

张劭一看，范式果然是一副病容，身子轻飘飘的，好像还站不稳似的。张劭很是过意不去，说："大哥为了来看我，病成这样，小弟真是有罪了。"

范式笑了起来，说道："你我二人还要说这些客套话吗？我要是今天见不到贤弟，那才是会急死呢。快领我去拜见伯母吧。我还带了薄礼来孝敬她老人家呢。"

晏殊诚实为人处世

晏殊是北宋著名的文学家和政治家。他在十三四岁的时候，就以博学多才出了名。后来，他被地方官作为"神童"推荐给朝廷，让他去面见皇上。

事情巧得很。当晏殊到京城时，正赶上科举会试。参加会试的都是各地选拔上来名列前茅【**专家解疑**：名次列在前面。】的才子。晏殊是作为"神童"选来见皇帝的，本可以不参加考试，但晏殊觉得只有经过考试，才能检验自己有没有真才实学。于是，他主动要求参加考试，并得到了皇帝的批准。

参加考试的有一千多人，有的是连考多年、两鬓斑白的老学者，有的是风华正茂的青年书生，年龄最小的就是晏殊，他还不满14岁。开始，他心里有点儿不踏实，可他马上又想到，自己年纪还小，如果考试成绩不好，说明自己的学问还不够，那就更需要继续苦读，有什么可怕的呢？

当考题发下来之后，晏殊认真一看，简直不敢相信自己的眼睛。

🔎 好词好句

两鬓斑白
风华正茂
＊当考题发下来之后，晏殊认真一看，简直不敢相信自己的眼睛。

考试题目自己曾经做过，当时写的这篇文章还受到好几位名师的称赞。这时候，晏殊的心里很矛盾。按说，那篇文章的确是自己独立写成的，现在把它照抄下来，当然也能反映自己的水平，不应该算是作弊，再说主考官和考生谁都不知道。

但是他又想，那篇文章是自己在家里写成的，写作的条件比考场上要优越得多。如果在考场上写，就不一定能够写得那么好。晏殊又想起老师曾讲过的话：做学问必须老实，如果对自己放松，那只能害了自己。【**名师点拨**：通过晏殊的这番心理活动，可以看出晏殊是个坦诚之人。这番心理活动的描写有助于人物形象的塑造。】想到这里，他决定把实话讲出来，要求主考官给自己另出一个题目。可是，考场上的规矩太严了，晏殊几次想说话，都被监考的官员制止了。迫不得已，晏殊只好以那篇文章为基础，又做了些修改加工。写好之后，交了卷。

几天之后，十几位成绩最好的考生被召到皇宫大殿上，将接受皇上的殿试【**专家解疑**：科举制度中最高一级的考试，在皇宫内大殿上举行，由皇帝亲自主持。】。晏殊也是其中之一。在对晏殊殿试时，皇上高兴地对他说："你的文章，朕亲自看过了，没想到你小小年纪，竟有这样好的学问。"

不料晏殊却跪下来，连忙自称有罪。接着，他把考试的经过讲了一遍，并且要求皇上另出一道题目，当堂重考。

晏殊说完后，大殿上鸦雀无声。人们都惊呆了，心想这个少年真是傻到极点了，别人想找这样的好事都找不到，他却要求另换题目，再考一次。

过了片刻，皇上突然大笑起来，说道："真看不出，你这孩子不仅学问好，还这样诚实。好吧，我就成全你。"

当下，皇上与大臣们一商议，就出了一道难度更大的题目，让晏殊当堂作文。晏殊克制着内心的紧张，集中全部精力，很快把文章写好交了上去。

大家一看，交口称赞。皇上十分高兴，对晏殊赞不绝口，并当场授予他一个相当于**进士【专家解疑**：科举时代称会试考取后经过殿试的人。】的学位，还吩咐人给晏殊安排一个官职，先让他锻炼一下，希望他日后能成为国家的栋梁之材。

晏殊做官之后，开始只在翰林院里担任一个小小的秘书职务，官位低，薪俸少，日子过得挺清苦。

当时，天下太平，京城里一派歌舞升平的景象。朝廷官员几乎都是三日一宴，五日一游，过着花天酒地的生活。

晏殊也喜欢饮酒赋诗，愿意同天下的文人们交往，可是他没有钱，无法参加这些活动。于是，他每日办完公事，就回到住地读书，或者和他在京城求学的兄弟们一起讨论古书中的问题。

🔎 好词好句

交口称赞
赞不绝口
*晏殊克制着内心的紧张，集中全部精力，很快把文章写好交了上去。
*朝廷官员几乎都是三日一宴，五日一游，过着花天酒地的生活。

过了些日子，朝廷要选拔协助太子处理公务的官员。条件是：学问高、品德好。负责选拔的大臣们非常慎重，反复筛选、考察，一直也定不下来。因为选不好，就要受到皇上的责备。

一天，忽然传来皇上的一道御旨，要选拔的官吏把晏殊算上一个候选人。

不少大臣都不知道晏殊是谁，一打听，才知道是翰林【**专家解疑**：唐以后皇帝的文学侍从官，明清两代从进士中选拔。】院的一个小秘书。大家都挺奇怪，皇上怎么就看上了他？

原来，皇上听说晏殊闭门读书，从不吃喝玩乐，又想起晏殊在考场上的表现，认为他是一位既有才气，又忠厚勤勉的人。选这样的人到太子身边，真是再合适不过了。所以，就亲自点了晏殊的名。

晏殊上任前，照例到皇上那里去谢恩。皇上勉励他一番之后，又夸他闭门读书，不参加游乐，是个好青年。

晏殊听完皇上的夸奖后却低下了头，并向皇上说："臣并非不想和文人们宴饮游乐，只是因为自己家贫无钱而不能去，如果臣有钱，肯定也会去的。臣愧对皇上的夸奖。"【**名师点拨**：在皇帝不知情的情况下，晏殊没有隐瞒，而是实话实说，更突出了晏殊的诚实。】

皇上听后深为感动，一定要重用这样诚实的人！从此以后，晏殊的官越做越大，名望也越来越高，可他一直保持着诚实、勤勉的作风，至死都没有改变。

许衡不食无主之梨

南宋末年，天下大乱。当时，宋、金、蒙古三国各占一方，混战不休。老百姓为了逃避战火，纷纷离开故土，扶老携幼，四处逃难。

有一天，在金朝统治下的河阳县（今河南孟州）地界里，大道上走着一位十七八岁的青年。他背着行囊，腰挎长剑，眉宇间透出一股英气【**专家解疑**：英俊、豪迈的气概。】。这个青年的名字叫许衡，河南沁阳人氏。

许衡出生于农家，少年时期，他就以聪明勤奋闻名。后来，元朝统一天下后，他曾当过元世祖忽必烈的大学士，是元朝有名的开国大臣之一。现在，许衡还只是个正在求学的青年书生，正要到河阳县来向一位老学者请教学问。

许衡一边走，一边望着路边荒芜的田野、破败无人的村庄，胸中涌出无限感慨，他想："如果战争再不停息，天下的百姓真是活不下去了。但愿我能辅佐一位英明的君主，统一天下，让老百姓重新安居乐业。"【**名师点拨**：这番话表明了许衡忧国忧民的情怀和准备为国为民做贡献的远大志向。】这样想着，他加快了脚步，恨不能一步赶到那位老学者家中，把治国平天下的本领学到。

这时正是三伏天，炎炎烈日炙烤着大地，空中一丝风也没有。许衡走得汗流浃背、口干舌燥，真想找个地方乘乘凉，喝上一口甘甜的泉水。

可这里刚刚经过战火，四周的人家跑得一干二净，到哪里去找水喝呢？走着走着，他看到前面路边的大树下，有几个人正在乘凉。他急忙赶过去，希望能讨口水喝。

走到近前，许衡发现这几位是赶路的小商贩。一问，才知道他们身边带的水也喝光了，因为无处找水喝，正在那里唉声叹气。许衡只好在他们身边坐下，准备歇口气再走。商贩们问许衡是做什么的，许衡告诉他们自己是个求学的书生。一个商贩叹口气说："咳，这兵荒马乱的年头，读书有什么用？要是学武，倒可能出人头地。"

许衡说："仗不会老这样打下去的，等战争停了，国家总是要有人来管理的。"商贩们一齐笑道："看不出这小伙子倒挺有志气！"

这时，远处跑来一个人，怀里捧着什么东西，边跑边大声喊着。商贩们都站起身来张望，原来那人是一起赶路的商贩，刚才独自出去找水。等他跑近，大家才发现他怀里捧着的竟然是几个黄灿灿的、水灵灵的梨！

商贩们都欢呼起来，一齐跑过去抢梨吃。**许衡也走上前去问道："这梨是从哪里买到的？"**【**名师点拨**：从许衡的问话里可以看出许衡是个心地单纯的人。】

🔎 好词好句

一干二净
出人头地
* 仗不会老这样打下去的，等战争停了，国家总是要有人来管理的。
* 等他跑近，大家才发现他怀里捧着的竟然是几个黄灿灿的、水灵灵的梨！

"买？"那个商贩哈哈大笑起来，"这地方的人都跑到山上避兵灾去了，连个人影都没有，哪里去买？"

"是呀，那你是从哪儿弄来这好东西的？"商贩们边吃边好奇地问。

"我到那边村子里转了转，想找个人家，把水葫芦灌满。好家伙，别说是人，连个老鼠都找不着！水井也都被当兵的用土给填上了。我正在丧气，忽然看见一家院子的墙头上露出一枝梨树枝，上面结着几颗馋人的大梨。这下子，我乐得差点儿晕过去，可是跑过去一看，这家的院门都用石块给堵上了，墙头也挺高。我顾不上许多，费了好大劲，才翻进院子里，摘了这些梨。那树上的梨还多得很，我们一起去多摘些，带着路上吃好不好？"

商贩们齐声说好，各自收拾东西，准备去摘梨，许衡插嘴问道："你说村里的井都被填上了吗？"

【名师点拨：许衡与那些商贩关心的事情不同，他没有问去哪里摘梨，而是关心村里的井是否都被填上了。这再一次表现出他忧国忧民的情怀。】

"是啊，当兵的看老百姓都跑光了，一气之下，走的时候，就把井都填了，你甭想找到水喝。"

许衡叹了口气，默默地转身走开了。商贩们奇怪地问道："小伙子，你不和我们一起去摘梨吗？"

许衡说："梨树的主人不在，怎么能随便去摘呢？"

商贩们又笑起来，说："你真是个书呆子！这兵荒马乱的日子，哪里还有什么主人呢，再说，那树的主人没准儿已经被打死了呢。"

许衡认真地答道：**"梨树虽然无主，难道我们自己的心里也无主吗？不是自己的东西，我是决不会去拿的。"**【◆智◆慧◆引◆路◆：有些时候，人可能会一时欺骗住别人，但不会欺骗住自己。自己明知道是错误的事，就不要去做。】说完，许衡背起行囊，挎上剑，向商贩们拱手道了声别，就转身上了大路。背后传来商贩们的笑声，许衡似乎没听见，坚定地踏着脚步前行。

名家品评

　　诚信是最重要的美德之一，孔子曾说过：人而无信，未知其可也。说的就是人要讲究诚信。"仁、义、礼、智、信"是中华民族传统美德的核心价值理念和基本要求，被称为"五常"之道。其中"信"指的就是诚信。做人要讲究诚信，讲究"内不欺己，外不欺人"。本章选取的几个故事从内不欺己，外不欺人两方面阐明做人要讲究诚信。事例鲜明，有代表性。人物典型，有借鉴性。通过这些故事，能够让人清楚明白地了解讲究诚信的内涵。

阅读思考

1. 曾子做到讲究诚信了吗？
2. 齐国国君为什么选定柳季作为岑鼎真假的判断人？
3. 许衡不食无主之梨的故事带给我们什么启示？

管鲍之交，伯牙之谊

合伙做生意时，管仲多占钱财，鲍叔牙却心甘情愿吃亏。一起当兵时，管仲被很多人斥责为贪生怕死之辈，鲍叔牙挺身而出，为管仲辩解。各为其主时，管仲射杀鲍叔牙的主人，而后来鲍叔牙却力荐管仲为相，更可贵的是，为了让好友安心为相，鲍叔牙毅然选择了悄然隐退，这就是朋友，这就是友情。文中还讲述了羊角哀和左伯桃的生死情，伯牙摔琴祭知音，荀巨伯重义轻生的故事，这些故事是如何讲述朋友间友谊的呢？让我们去看一看吧。

管鲍之交留美名

春秋时期齐国有两个好朋友，一个叫管仲，一个叫鲍叔牙。他们年轻时就相识了，起初二人合伙做买卖，因为管仲家境贫寒就出资少些，鲍叔牙家境富裕些就出资多些。

两人的生意做得很顺利，赚了一些钱。**可是管仲用挣的钱先还了自己欠的一些债。到年底分钱时，鲍叔牙总是把一多半给管仲，一少半给自己。**【**名师点拨**：将两人的行为做对比，突出显现了鲍叔牙的为人。】

鲍叔牙手下的人有意见了，有人对鲍叔牙说，他出资少，平时他拿钱又多，年底还要多分钱，这就可以看出他是一个爱财的人。要我是管仲的话，我一定不会厚着脸皮接受这些钱的。

鲍叔牙斥责那个人说：“不要把眼睛盯在钱上，没发现管仲的家里十分困难吗？他比我更需要钱，我和他合伙做生意就是想要帮帮他，我是十分愿意这样做的。”【名师点拨：鲍叔牙能够设身处地地为管仲着想，而且心甘情愿，可见鲍叔牙确实把管仲当作自己的好朋友。】

后来管仲和鲍叔牙一起参了军。有一次齐国和邻国起了纠葛，双方军队展开了一场战斗，冲锋的时候，管仲总是躲在最后，跑得很慢，而退兵的时候，管仲却跑得飞快。

很多人都耻笑管仲，说他贪生怕死。就在这个时候，鲍叔牙站了出来，他替管仲辩护道：管仲绝不是贪生怕死的人，他家有八十多岁的老母亲无人照顾，他不能不这样做，以尽孝道。

管仲听了鲍叔牙的这番话，感动得流下了热泪，他感慨地说：“生我的是父母，而了解我的，是鲍叔牙啊！”

两年后，管仲的老母离世了，管仲心中没了牵挂，这才踏实下来为齐国效命，正如鲍叔牙所说，管仲作战很英勇，很快管仲就得到了提拔重用。

齐襄公的弟弟公子纠发现管仲是个人才，便让他当了自己的谋士。齐襄公的另一个弟弟公子小白则看重鲍叔牙，拜其为**军师【专家解疑**：①古代官名，掌管监察军务。②旧时小说戏曲中所说在军中担任谋划的人，现泛指给人出主意的人。】。两个好朋友各自辅佐一个公子。

好景不长，昏庸的齐襄公总是疑心他两个同父异母的弟弟要篡夺王位，就让手下人找机会除掉公子纠和公子小白。这两个公子知道了消息后，公子纠带着管仲跑到了鲁国，而公子小白则带着鲍叔牙跑到了莒国。

公元前686年，齐襄公被手下的将士杀死，立他的一个弟弟公孙无知为齐国君王。公孙无知当了君王没几个月，就被手下大臣给杀掉了。齐国当时人心惶惶。流亡在莒国的公子小白和寄居【**专家解疑**：住在他乡或别人家里。】在鲁国的公子纠都觉得自己继承王位的机会来了，急忙打点行装，要回国争夺王位。

管仲提醒公子纠："公子小白所在的莒国离齐国很近，如果让他早一步回到齐国，我们就被动了，我先带人去拦截公子小白，让鲁国派大将曹沫带另一队人马护送您回国。"公子纠急忙答应下来。

当管仲带人赶到莒国和齐国的交界处，恰好看见鲍叔牙带领人护送公子小白飞驰而来。管仲见情况紧急，急忙弯弓取箭，朝着车上的公子小白用力射去。小白大叫一声，栽倒在车上。管仲见大功告成，便带着人马飞逃而去。

令管仲没想到的是，公子小白并没有死，管仲的箭恰好射在公子小白的衣带钩上，没伤到人。在管仲离开后，鲍叔牙和公子小白立刻向齐都全力疾驰。

🔍 **好词好句**

疾驰

* 管仲见大功告成，便带着人马飞逃而去。

125

管仲护送公子纠向齐国进发，到齐、鲁边界的时候，一个齐国的使者拦住了他们的车马，使者说："我奉齐国新君王公子小白之命，前来通知鲁国，请你们不必送公子纠回国了。"

管仲一听，知道自己并没有把公子小白射死。公子纠命令大将曹沫率领仅有的五百多鲁国士兵去跟齐国拼命。结果鲁国战败。

公子小白在鲍叔牙的帮助下登上了齐国君王的宝座，即为齐桓公。齐桓公上台后的第一件事就是要把他的兄弟公子纠除去。他命令鲍叔牙领兵攻打鲁国。鲁国不抵，派人和齐国讲和。

鲍叔牙要求鲁庄公：一是要鲁国把公子纠杀了，二是把管仲交给齐国，不然的话决不退兵。【**名师点拨**：鲍叔牙要公子纠的性命是理所应当的，可为什么要管仲呢？难道也是为了报仇？给读者设置了悬念。】鲁庄公没别的法子，只好照办，把公子纠的人头和管仲一起交给了齐国。

鲍叔牙立了大功，齐桓公要任命他做齐国的国相，没想到鲍叔牙死活不肯接受，他说："以前我帮君王做了些事情，那全是凭我对您的忠心而竭尽全力的，现在您要把国相这么重要的职务交给我，我想单凭我的忠心是无法胜任这一工作的。您该找个比我更有才能的人才行啊！"

齐桓公说："在我手下的大臣中，还没发现比您更出众的人才呢！"鲍叔牙说："我举荐一个人保证能帮您成就一番霸业！"

齐桓公很感兴趣，就问他："这个人是谁呢？"鲍叔牙告诉齐桓公："此人就是管仲，我把他从鲁国要回来，就是要他帮您的！"

齐桓公生气地说："一箭之仇我还没报呢，您反而让他来担任国相！"

鲍叔牙恳切地说："管仲用箭来射杀您，这是各为其主。各为其主是起码的做人准则，他当时那样做没有什么可指责的。现在要治国了，若论才华，他远远超过我鲍叔牙啊！您要成就霸业，非得到管仲的辅佐不成。"

齐桓公想了想，认为鲍叔牙的话很有道理，就断然忘记前嫌，拜了管仲为国相。

鲍叔牙觉得自己如果继续做官，可能会对管仲产生不利的影响，于是就毅然决然向齐桓公辞官还乡。他说："为了能让管仲更好地施展才能，我一定要辞官回乡。"【**名师点拨**：鲍叔牙为了齐国，为了好朋友的发展，毅然隐退，体现了他宽广的胸襟和与人为善的情怀。】

齐桓公不愿意让鲍叔牙离去，他说："您真是一位高尚的人啊！管仲就是由于您的推荐，我才重用他的。现在为了他，您却要辞官还乡。我不愿意让您走，请您留下吧。"

但是到了第二天，鲍叔牙却悄悄地离去了。他为了齐国的富强，为了管仲更好地施展才华，他不计较个人名利，悄然离去了。

🔍 **好词好句**

辅佐

＊鲍叔牙恳切地说："管仲用箭来射杀您，这是各为其主。"

羊角哀和左伯桃

春秋时期的一年冬天，寒风猛吹，大雪纷飞。在人烟稀少的千里荒原上，有两个互相搀扶的年轻人，正跌跌撞撞、一步一晃地向前走着。这两个年轻人就是羊角哀和左伯桃。

那个时候，各国诸侯为了争夺土地，扩大自己的统治范围，连年发动战争，使人民生活在苦难之中。这两个朋友对人民深为同情，决心施展自己的才干，拯救国家和人民。他们听说楚庄王是个明君，就相约前去投奔。谁知却困在这个人烟稀少的千里荒原上。

风越来越猛，雪越下越大。寒冷、饥饿、长途跋涉，使身体瘦弱的左伯桃倒下了。在这危难时刻，羊角哀没有舍弃好友，他对左伯桃说："我扶你走吧，你放心，我决不会丢下你不管的。"就这样，羊角哀搀扶起左伯桃艰难地走着……

一天过去了，两天过去了，羊角哀再也没有力气了。他好不容易才把左伯桃扶到一棵大空心树旁倚靠。"伯哀，看这千里荒原，无边风

🔎 好词好句

大雪纷飞
千里荒原
* 在人烟稀少的千里荒原上，有两个互相搀扶的年轻人，正跌跌撞撞、一步一摇地向前走着。
* 风越来越猛，雪越下越大。

128

雪，如果我们俩都冻饿而死，不如救活一个。你一个人快走吧，我实在不行了，别再连累你。"左伯桃喘着气说。

羊角哀一听，急了："这怎么可以！伯桃，你放心，我背也要把你背到楚国去！"说着，羊角哀又要背左伯桃。但他也没有力气再把左伯桃背起来了。

这时，左伯桃说："你的心意我明白，伯哀，救国、救民是我们两个人共同的理想，不论这个理想是咱们两个人共同实现的，还是一个人去实现的，都是圆满的，你说是不是呢？"

羊角哀点头说："当然，要不，你就带上咱们剩下的这点干粮投奔楚国去吧。"【名师点拨：两个好朋友为了共同的理想，甘愿牺牲自己，成全对方，表现出他们大无畏的牺牲精神。】

左伯桃连连摇头，用微弱的声音说："伯哀，我现在的身体状况，是支撑不了我到达楚国的，你的身体比我好，本领比我强，你要走出这片荒原，我们救国、救民理想的实现就拜托你了！"

两个人真诚相让。最后，左伯桃还是说服了羊角哀。羊角哀抱着左伯桃放声痛哭。左伯桃催他赶快上路。羊角哀要把所有的干粮留给左伯桃，左伯桃决意不要，羊角哀没有办法，心情沉重地告别了朋友，踉踉跄跄地向前走了。

羊角哀赶到楚国后，连忙带人回到荒原，却发现左伯桃已冻死在空心树里。他埋葬了好友的尸体，痛哭而别。

楚庄王知道情况后，深为左伯桃的精神所感动，他下令奖恤了左伯桃的妻儿。后来，羊角哀在楚国干出了一番事业。他一直深深地怀念他的挚友。每当左伯桃的忌日，他都面对那片千里荒原，朝远方默默祷告："伯桃，你放心吧，我一定要实现咱们共同的理想！"

高山流水遇知音

俞瑞，字伯牙，战国时的音乐家，曾担任晋国的外交官。俞伯牙从小就酷爱音乐，他的老师曾带着他到东海的蓬莱山，领略大自然的壮美神奇，使他从中悟出了音乐的真谛。他弹起琴来，琴声优美动听，犹如高山流水一般。

虽然，有许多人赞美他的琴艺，但他却认为一直没有遇到真正能听懂他琴声的人。他一直在寻觅自己的知音【 专家解疑 ：指真正了解自己的人。】。

有一年，俞伯牙奉晋王之命出使楚国。八月十五那天，他乘船来到了汉阳江口。途中，遇风浪，船停泊在一座小山下。晚上，风浪渐渐平息了下来，云开月出，景色十分迷人。

望着空中的一轮明月，俞伯牙琴兴大发，拿出随身带来的琴，专心致志地弹了起来。他弹了一曲又一曲，正当他完全沉醉在优美的琴声之中时，猛然看到一个人在岸边一动不动地站着。【 名师点拨 ：俞伯牙沉醉在自己的琴声中并没有发现有人在旁边，突出了他专注于弹琴。】

🔎 好词好句

祷告

＊他弹起琴来，琴声优美动听，犹如高山流水一般。

俞伯牙吃了一惊，手下用力，"啪"的一声，拨断了一根琴弦。俞伯牙正在猜测岸边的人为何而来，就听到那个人大声地对他说："先生，您不要疑心，我是个打柴的，回家晚了，走到这里听到您在弹琴，觉得琴声绝妙，不由得站在这里听了起来。"

俞伯牙借着月光仔细一看，那个人身旁放着一担干柴，果然是个打柴的人。俞伯牙心想：一个打柴的樵夫【**专家解疑**：旧时称以打柴为生的男子。】，怎么会听懂我的琴呢？于是他就问："你既然懂得琴声，那就请你说说看，我弹的是一首什么曲子？"

听了俞伯牙的问话，那打柴的人笑着回答："先生，您刚才弹的是孔子赞叹弟子颜回的曲谱，只可惜，您弹到第四句的时候，琴弦断了。"

打柴人的回答一点儿不错，俞伯牙不禁大喜，忙邀请他上船来细谈。那打柴人看到俞伯牙弹的琴，便说："这是瑶琴！相传是伏羲氏造的。"接着他又把这瑶琴的来历说了出来。

听了打柴人的这番讲述，俞伯牙心中不由得暗暗佩服。接着，俞伯牙又为打柴人弹了几曲，请他辨识其中之意。当他弹奏的琴声雄壮高亢时，打柴人说："这琴声，表达了高山的雄伟气势。"当琴声变得清新流畅时，打柴人说："这后弹的琴声，表达的是无尽的流水。"俞伯牙听了不禁惊喜万分，自己用琴声表达的心意，过去没人能听得懂，而眼前的这个樵夫，竟然听得明明白白。没想到，

🔍 **好词好句**

雄壮高亢

＊这琴声，表达了高山的雄伟气势。

在这野岭之下，竟遇到自己久久难觅的知音，他得知打柴人名叫钟子期，然后和他喝起酒来。

两人越谈越投机，有相见恨晚之感，两人便结拜为兄弟。约定来年的中秋再到这里相会。随后，俞伯牙和钟子期洒泪而别。

第二年中秋，俞伯牙如约来到了汉阳江口，可是他等啊等啊，怎么也不见钟子期来赴约，于是他便弹起琴来召唤这位知音，可是又过了好久，还是不见人来。

第二天，俞伯牙向一位老人打听钟子期的下落，老人告诉他，钟子期已不幸染病去世了。临终前，他留下遗言，要把坟墓修在江边，到八月十五相会时，好听俞伯牙的琴声。

听了老人的话，俞伯牙万分悲痛，他来到钟子期的坟前，凄楚地弹起了古曲《高山流水》。弹完，他挑断了琴弦，长叹了一声，把心爱的瑶琴在青石上摔了个粉碎。**他悲伤地说："我唯一的知音已不在人世了，这琴还弹给谁听呢？"【名师点拨**：这句话表明了俞伯牙对钟子期这位音乐"知音"的看重。】

两位"知音"的友谊感动了后人，人们在他们相遇的地方，筑起了一座古琴台。直至今天，人们还常用"知音"来形容朋友之间的情谊。

荀巨伯重义轻生

荀巨伯是汉桓帝时的贤士，一向守信，笃于友情。他听说千里之外的一个好友得了重病，心急如焚，匆匆安排了家事，收拾好行装，便赶去探视。

他晓行夜宿，披星戴月奔波了半个多月，才到达好友居住的县城。谁知进城以后，只见街上冷冷清清，空无一人，他觉得很奇怪。他好不容易才找到好友的住处，发现好友躺在床上，面色惨白，连声低呼："水！水！"

荀巨伯忙从桌上取过土碗，四处寻水，好一会儿才在厨房水缸里找到了一点儿水，马上装入碗内，递到友人口边。

友人呷了几口，精神稍好一些，抬头见是荀巨伯给他递水，惊喜地问道："你什么时候来的？"

荀巨伯答道："刚到。"

友人见荀巨伯满面风尘，为看望自己不惜千里奔波，深为感动。但想到目前情况紧急，又焦急地对荀巨伯说："胡兵马上就要来攻城，城里的人都跑光了，你还是赶快走吧，晚了就走不了啦！"

荀巨伯诚挚而又坚定地说："你重病在身，旁边没一个亲人，作为朋友，我现在能够离开吗？"【名师点拨：*荀巨伯情真意切的话表现出他对友情的看重。*】

友人感动地说："贤弟盛情，令人感动，我是将死的人了，怎么能够连累你呢？还是快点儿走吧！"说完，又吃力地把手一挥。

荀巨伯恳切地说："我不远千里来看你，你却要我走。**弃义以求生，我荀巨伯是那样的人吗？【智慧引路**：*生命固然可贵，但是在大是大非面前，一定要恪守做人的原则，弃义而逃生，是违背做人原则的，是不道德的行为。*】"

正说到这里，突然听到门外有人高喊："这里有人！"

友人听见喊声，焦急地对荀巨伯说："胡人来了！你快从后门逃走吧！"说到这里，由于情绪激动，又禁不住连声咳嗽。荀巨伯忙把土碗递到他口边。

正在这时，门突然被踢开，一个身材魁梧、身着胡装、手执钢刀的大汉，带领几个随从冲了进来。

友人十分着急，荀巨伯却镇定如常。

大汉见屋中只有两个男子，一个卧病在床，一个正在递水，便走上前去，大声地问荀巨伯："我大军一到，一郡尽空，你是何人，竟敢在此停留？"

荀巨伯从容不迫地回答道："在下荀巨伯，因友人重病在身，无人照顾，因此千里探视，不忍离去。望刀下留情，要杀就杀我，千万不要伤友人之命！"

大汉想不到一郡尽空，竟有人愿舍己救友，颇为感动，便对随从们说："我等不该入此有义之国，走！"说完，向荀巨伯一拱手，转身出门而去。

友人此时方如释重负，紧紧拉住荀巨伯的手，一句话也说不出来，眼泪滚滚而下……

🔎 好词好句

从容不迫

如释重负

＊望刀下留情，要杀就杀我，千万不要伤友人之命！

名家品评

对朋友讲"义"，属于儒家"五常"之道"仁、义、礼、智、信"中的"义"的范畴。鲍叔牙帮助管仲是一种义；羊角哀不肯轻易放弃左伯桃而独自逃生是一种义；伯牙摔琴祭知音是一种义；荀巨伯不肯放弃重病的好友更是一种义。讲"义"是一种美德，一种值得传承的品质。千百年来，这些朋友间讲义的故事一直流传着，成为后世一种宝贵的精神食粮。

阅读思考

1. 从哪些方面可以看出鲍叔牙是非常了解管仲的？

2. 俞伯牙为什么决定在钟子期死后不再弹琴？

3. 闯进屋内的大汉为什么说"我等不该入此有义之国"？

百行之中，仁孝为先

百行孝为先，聪明懂事的舜受到了后母和异母弟弟的排挤，他们几次三番找机会迫害舜，但舜却一直躲避忍让，而且还尽己所能孝顺父母，照顾弟弟。最终，舜以自己至诚的孝顺仁义之心感化了他们，使他们善待自己。闵子骞也遭遇了类似的对待，他是如何对待和处理的呢?

舜至孝感动双亲

传说舜在 20 岁的时候，就以孝行闻名天下了。尧帝老时，将首领位置禅让【**专家解疑**：帝王把帝位让给别人。】给舜，很大程度上就是因为舜是个非常孝顺的人。

舜很小的时候生母就去世了，他的父亲娶了后妻。舜的后母嫉妒舜聪明懂事，自己生的儿子却懒惰无能，因此常常在丈夫面前多次编造谎言，说舜的坏话。异母弟弟也很排挤他。父亲几次听信假话，便想杀死舜。

尽管这样遭受父母的虐待，但是舜感激他们的生养之恩，对他们毫无怨恨之心，依旧尽己所能小心服侍父母双亲，尽心照顾

136

异母弟弟。

只是当夜深人静的时候，舜才独自哭泣道："苍天啊，我对父母的孝心，是否做得不够呢？为什么父母不喜欢我呢？"【名师点拨：在备受欺凌，甚至险被杀死的情况下，舜还把错误归结到自己身上，表现了他善良、孝顺的天性。】

后来他被父母赶出家门，自己过日子，却从不曾怨恨过家人，甚至常常替他们说好话。据说天地深受感动，派大象来为他耕田，鸟来为他松土。

尧帝得知他的德行，派了一些人来帮助他，并给了他许多赏赐，还把两个女儿娥皇、女英许配给他。

舜带着这些赏赐回到了家。父亲和弟弟十分眼红，想要霸占这些财物，于是密谋杀掉他。

父亲让舜修补仓房的屋顶，却在下面放起火来。舜急中生智用两顶斗笠【专家解疑：遮阳光和雨的帽子，有很宽的边儿。用竹篾夹油纸或箬竹的叶子等制成。】当翅膀从房上跳下，幸免于难。

后来父亲又让舜挖井，等挖到很深时，父亲和弟弟却把巨石从上面推下来，要把舜活埋在里面。幸亏舜事先有所警觉，在井筒旁边挖了一条通道。当看见巨石压下来时，及时从通道钻出。

舜没有将这些事情放在心上，他一如既往，孝顺父母，关爱兄弟，而且比以前更加诚恳、谨慎。【名师点拨：这里再一次将舜的大仁大义和孝悌表现得淋漓尽致。】

终于，他用持之以恒的孝心感化了他的父亲和后母。慢慢地，父亲知道了舜的一片孝心，痛悔自己之前对他的做法，对他的态度也开始变得慈爱。后母和弟弟也开始对他改变了看法，不像以前那样对待他了。

存大义子骞护母

孔子的学生闵子骞很小的时候，他的生身母亲不幸去世了。父亲又给他找了一个继母。开始，后母对闵子骞还过得去，自从她连生了两个儿子以后，对闵子骞就越来越不好了。闵子骞常常受到后母的虐待。

继母对自己的两个亲生儿子很好，有好吃的，总偷偷地给自己生的两个儿子吃。闵子骞不但吃不到好的，还常常吃不饱饭。

闵子骞是个极孝顺的孩子，他从不把自己受虐待的事跟父亲说。马马虎虎的父亲也就不知道自己的大儿子天天在受罪。

一年冬天，后母给自己的两个亲生儿子缝了用棉絮做的棉衣，穿在身上暖暖和和的。给闵子骞穿的却是用芦花做的棉衣，闵了骞经常冻得直哆嗦。【名师点拨：一个用棉絮做，一个用芦花做；一个暖暖和和，一个冻得直哆嗦。两者做了极好的对比。】

一天，闵子骞的父亲坐着他们兄弟三人拉着的车外出去干活。

数九的天气，特别冷，西北风呼呼地刮着。闵子骞的芦花棉衣哪儿能挡住寒冷的西北风呢？他冻得脸色灰白，手都被冻僵了，一点儿也使不上劲儿。他的两个弟弟却因为拉车赶路，身上穿得又暖和，脸上直冒热汗，脸红扑扑的。

父亲一看，弟兄三个同样干活，弟弟们热得直冒汗，子骞却冷得瑟瑟发抖。父亲连连夸奖两个弟弟干活卖力气，并认为子骞一定是在要滑偷懒。父亲一气之下，竟用鞭子抽打子骞。

不料，那鞭子抽得狠了，抽破了棉衣，里面的芦花飞了出来。父亲感到很奇怪，从地上拾起芦花一看，才明白是怎么一回事。父亲责备自己："啊，原来子骞在受冻，我干了些什么呀！"

子骞连忙安慰父亲："父亲别生气，都是孩儿不好！"

"不，今天不干了！"父亲命令三兄弟，"都回家去！"

回到家中，父亲把继母叫出来，指着闵子骞身上的破芦花棉衣说："这是你应该干的事情吗？你不仁不贤，让我的子骞天天在挨冻，怎么配做孩子们的长辈！要你这心眼儿不好的妇人干什么呢！"

闵子骞的继母羞得满脸通红，连连说是自己不好，请求丈夫和孩子的宽恕。

子骞的父亲在火头上，哪里肯依，坚决要把妻子赶回娘家去。

闵子骞一看，心中十分不安，连忙跪在地上哀求父亲说："母亲在您身边，只有我一个人寒冷，如果您赶母亲离去，我们弟兄三人都将

🔎 **好词好句**

红扑扑

瑟瑟发抖

*父亲责备自己："啊，原来子骞在受冻，我干了些什么呀！"

*子骞连忙安慰父亲："父亲别生气，都是孩儿不好！"

变得孤苦伶仃，受苦挨冻了！那样，不是更加糟糕吗？"【名师点拨：
闵子骞为了一家人能和和睦睦生活，而宁肯自己受委屈，表现了他善良、孝顺、
顾全大局的性格特征。】

子骞的父亲听了，叹了口气："唉！想不到子骞的心是这样善良！"

继母的两个儿子也苦苦哀求父亲，弄得父亲无可奈何，半晌说不出话。

子骞哭拜在父亲面前："父亲如果不肯原谅母亲，是子骞造成父亲嫌弃母亲，终归都是子骞不好，子骞向父亲请罪了！"【名师点拨：在这种情况下，子骞说这番话完全可以看出他懂事明理、仁义孝悌的天性。】

后母听了子骞的话，羞惭极了，连连对丈夫说："今后，我再也不对子骞那样了！"

子骞的父亲这才重重地叹了口气，原谅了妻子。

从这以后，子骞的后母受了善良闵子骞的感动，果然变好了，她待闵子骞比待亲生儿子还要好。

子骞从此更加热爱父亲，孝敬继母，爱护两个兄弟。继母的两个儿子也十分敬重善良、可亲的哥哥。一家子和和美美地过日子。

孔子知道闵子骞高尚的行为后，极力称赞他说："子骞上敬父母，下顺兄弟，一举一动，尽善尽美，邻里和亲友没有讲他闲话的，做人都应该像闵子骞这样啊！"

🔎 好词好句

和和美美

*子骞上敬父母，下顺兄弟，一举一动，尽善尽美，邻里和亲友没有讲他闲话的，做人都应该像闵子骞这样啊！

黄香为双亲温床

黄香是东汉江夏安陆人，字文疆。少年时代的黄香博学经典，善写文章。当时京城文人学士纷纷称颂"天下无双，江夏黄香"，可见黄香当时已才名大震。

黄香最难能可贵之处还不是他的才气，而是9岁的时候，就懂得孝敬父母，侍奉老人。

冬夜，天气寒冷，室内温度也很低。黄香在父母的教导下，夜读经书【**专家解疑**：*指《易经》《书经》《诗经》《周礼》《仪礼》《礼记》《春秋》《论语》《孝经》等儒家经传，是研究我国古代历史文化和儒家学术思想的重要资料。*】。夜深了，父亲、母亲催促黄香安歇。

黄香收了书籍，竟先钻到父母的床上，躺在被子里，睡了片刻他又跑回自己的床上睡觉。母亲问他："香儿，你在折腾什么？"

黄香说："我是为父母亲暖席子啊，这样二老睡上去才不太冷！"

母亲听了心疼地叹了口气："我家香儿真懂事！"

夏天夜里很热，黄香的父母都在院子里纳凉。月上东窗，父亲和母亲正要安歇，却发现黄香不在身边。母亲忍不住喊起来："香儿，你在哪里？"

"母亲，我在房中！"卧室中传来黄香的声音。

父亲和母亲很奇怪，掌着灯来到屋里，见黄香手执一把蒲扇，站在帷帐前，正在一下一下地向帷帐扇扇子。

父亲问黄香："我儿这是干什么？"

黄香说："我用扇子扇一扇，使帷帐内蚊虫远避，枕席清凉，好让二老安歇！"【**名师点拨**：黄香驱逐父母帷帐内的蚊虫，以便父母安歇，突出表现了他的懂事和孝顺。】

母亲忍不住把黄香拢到身边说："苦了我的香儿了。"用手一摸，黄香的脑门儿竟沁满了汗珠。

黄香却说："这是我该做的！**百行之首，以孝为先。**"后来，黄香长大了。汉安帝觉得他是个人才，便让他担任了魏郡太守。

一年，魏郡遭受特大水灾，百姓饥寒交迫，苦不堪言。太守黄香拿出自己的俸禄，赈济受灾的贫民。受赈百姓无不感激涕零。

孙思邈学医尽孝

孙思邈是唐代著名的医药学家，被后人誉为"药王"。公元581年，孙思邈出生于陕西一个贫苦家庭，父亲是一名木匠。在他7岁时，父亲得了雀目病(即夜盲症)，母亲患了粗脖子病。

有一次，父亲锯木时，他在一旁看着发呆。父亲问他："孩儿，你

👤**哲理名言**

百行之首，以孝为先。

🔍**好词好句**

感激涕零

*一年，魏郡遭受特大水灾，百姓饥寒交迫，苦不堪言。

长大了也要做木匠？"

"不，我不想做木匠。"

"那你想干什么？"

"我想做一名**郎中**【**专家解疑**：①古代一种官职。②中医医生。】，好给父母亲治病。"

父亲见他一番孝心，心里十分感动，就对他说："要当一名郎中就要去读书，不能像我这样一字不识，明天我就带你去念书。"

第二天，父亲带着孙思邈到城外一个郎中那里去当学徒。**孙思邈见院子里里外外堆着许多草药，十分高兴，心想：要是在这些草药里能找到治父母亲病的药，就太好了！**【**名师点拨**：孙思邈学医的最初目的是为父母亲治病，此处的描写验证了这种说法。】

在此后的3年间，他经常向师父问这问那，常常使师父感到为难。后来，他知道师父只会用一些土方治病，根本不懂得药理。师父也知道徒弟的心思，就对他说："你聪明好学，我不能耽误你的前程。距这里40里外的铜官县有一位名医，是我的舅舅，你到他那里去学医吧！"说完，送给他一本《黄帝内经》。

孙思邈到了铜官，找到了这位名医。在那里，孙思邈一边学习一边研究《黄帝内经》，医学知识长进不少。但这位名医也不知道如何治雀目病和粗脖子病，这使他十分失望。

第二年，孙思邈回到家乡开始给乡亲们治病。他行医不贪求财物，对病人精心照顾，渐渐地在家乡有了名声。

有一次，他治好了一位病人的**痼疾**【**专家解疑**：经久难治愈的病。】，病人到他家来答谢，得知孙思邈父母也身患痼疾，就对孙思邈说："我听说太白山麓有一位叫陈元的老郎中能治你母亲的那种病。"

孙思邈一听大喜过望，第二天就动身去了太白山。孙思邈走了半个月，终于来到陈元郎中的住处。见了陈元郎中后，孙思邈说明了来意。

陈元见他一片孝诚之心，就收他为徒弟。在陈元那里，孙思邈学到了治粗脖子病的祖传秘法，可是如何治雀目病仍毫无头绪。

一天，孙思邈问师父："为什么患雀目病的大多是贫苦人家，而有钱人家却很少得这种病？"

陈元听后说："你的话很有道理，不妨给病人多吃点肉食试试。"

孙思邈按照师父的话，要一位病人每天吃几两肉，但病人试了一个月毫不见效。于是他再翻阅大量医书，终于发现一条"肝开窍于目"的解释，就给那位病人改吃牛羊肝，不到半个月，那位病人的病情有了明显的好转。

孙思邈回家后立即用在太白山学到的方法给父母治病。不久父母患的雀目病和粗脖子病都痊愈了。【名师点拨：孙思邈最初学医的目的就是给父母亲治病，在知道治疗方法后，他立即给父母治病，显示了他孝顺的一面。】

🔍 **好词好句**

毫无头绪
＊孙思邈一听大喜过望，第二天就动身去了太白山。
＊陈元见他一片孝诚之心，就收他为徒弟。

名家品评

仁孝是仁爱孝顺之意，儒家十三经之一《孝经》中言："教民亲爱，莫善于孝。"《围炉夜话》中又讲道：百善孝为先。两者都把"孝"提到了首位，可见古人对孝道的看重。孝是一种美德，尽孝是一种美德行为。文章选取的几个故事都是讲述古代孝道的，每个故事都很经典，都深入浅出地将孝道的内涵阐述清楚，很有教育意义。

阅读思考

1. 舜是怎么对待父母亲迫害的？
2. 闵子骞为什么要为后母求情？
3. 从文中看，孙思邈是怎么报答父母养育之恩的？

求知若饥，
虚心若愚，

"求知若饥，虚心若愚"体现的是一种求知的态度，魏文侯作为一国之君，虚心向段干木请教，并施行弟子之礼。苏秦为了让自己在读书时保持清醒，在打瞌睡的时候，用锥子扎自己的大腿；钟隐为了学到画花鸟的技巧，不惜卖身为奴。还有梁鸿赔身攻读、王羲之拜白发老太为师，囊萤映雪夜读，等等，这些故事都是如何讲述的呢？

魏文侯虔诚拜师

魏文侯当上国君以后，四处寻找人才。他听说有个叫段干木的马匹交易经纪人，很能干，就是不喜欢做官。他想，让贤士埋没在民间，不能发挥作用，多可惜呀！于是，魏文侯下决心请他出来帮助治理国家。

有一天，魏文侯带着随从驱车奔向段干木的住所。一到巷口，文侯就下了车。为了不惊动贤士，他屏退【**专家解疑**：①使离开。②退隐。】左右，毕恭毕敬地来到段干木的门前，轻轻地叩动门环。有人出来后，他又有礼貌地请来人进去禀告一声，说文侯求见。

没想到，段干木一听说文侯要见自己，误认为他也是**沽名钓誉**

146

【**专家解疑**：沽，买。名，名声。钓，以某种手段猎取。誉，名誉。以某种虚假的手段来谋取名誉。】的国君，就像听到狼来了一样，三步并作两步，冲到院里，纵身一跃，跳墙逃跑了。

遭到这样的冷遇，魏文侯不仅没有灰心，反而更觉得段干木品德高尚。**每次路过段干木的巷口，魏文侯总是垂首弯腰向段干木的住所致敬。**【**名师点拨**：此处突出了魏文侯对段干木的敬意，为下文拜段干木为师做了铺垫。】

时间长了，段干木的家人感到非常奇怪，于是就问道："尊敬的国君，段干木不理睬您，您为什么一过巷口就向他的住所致敬呢？"

文侯说："段干木是一个贤能之士啊！他不追求权势和非分的经济利益，而且拥有卓越的才能。他深明大义，隐居在一个贫穷简陋的小巷里，却声名传千里，我怎么能不敬重他呢？"段干木听说后，也很受感动，魏文侯再来求见，就不回避了。

魏文侯请段干木出任相国，却被拒绝。文侯看段干木态度很坚决，就登门求教。

段干木坐在一把破椅子上，滔滔不绝地从治国安邦、举贤任能的为君之道，一直讲到休养生息、爱护百姓的立国之本。从烈日当头，讲到夕阳西下。

🔍 好词好句

滔滔不绝

* 从烈日当头，讲到夕阳西下。

魏文侯就像小学生听讲一样，不敢坐下，一直肃立在段干木面前，认真体会其中的道理。站累了，腿直发麻，但怕打断老师的思路，听不到金石之言，不敢提出暂且回去，下次再来听讲的要求。

就这样，魏文侯拜段干木为师，一次又一次地登门求教，学到了不少有益的东西。

魏文侯虔心拜段干木为师，受到人们的赞扬。

苏秦刺股苦求学

苏秦，字季子，战国时洛阳（今河南洛阳东）人。苏秦在小的时候，就十分喜欢学习，他曾在很有名望的鬼谷子门下，学习纵横家的言论。

当时，苏秦的家境不好，连温饱问题都解决不了，更没有钱买书读了。**为了读书，他时常把自己的长发剪下来卖掉，或者给别人打短工、卖力气，以换取微薄的收入来勉强维持自己的生活和学业。**【名师点拨：从这里所列出的几个方面可以看出苏秦勤奋好学的特点。】

由于苏秦勤奋好学，在开始的一段时期内，取得了很好的成绩。然而，就在苏秦取得好成绩的时候，他骄傲自大起来，逐渐听不进老师的话了，自以为已经学到了纵横术的所有知识，能够"运筹帷幄"了。

🔎 好词好句

运筹帷幄

* 就在苏秦取得好成绩的时候，他骄傲自大起来，逐渐听不进老师的话了，自以为已经学到了纵横术的所有知识，能够"运筹帷幄"了。

于是，他收拾好行李，告别了老师和朋友，一个人外出游说他的"合纵连横"理论去了。

苏秦先是主张"合纵"的，于是他去求见周王，劝弱小的国家联合起来，阻止强国的兼并。由于没人给他引见，苏秦被冷落了一年多。

一气之下，他又到了秦国，向秦惠王宣传"连横"的意见，劝他用此办法来兼并各诸侯国，以统一天下。他先后写了十多封意见书给秦惠王，但都没有引起秦惠王的重视。秦惠王只是草草地看一下，就随便放到一边，不予理睬了。

苏秦在秦国住了一年多的时间，所带银两已用得一干二净，衣服既破又旧。他已无法再住下去了，看到秦惠王没有重用他的意思，只好缠了裹腿【**专家解疑**：缠在裤子外边小腿部分的布条，旧时士兵行军时多打裹腿。也叫绑腿。】，穿了草鞋，背上书包，离开秦国，返回家里。

由于路途比较远，缺吃少喝，加之心情不好，奔波了好多天才回到家中。这时他已瘦得不成样子，皮肤被晒得黑黢黢的。回到家里怪难为情的，都不愿抬头见家人。

妻子看见他这副样子，叹了一口气，低下头去织布了；嫂子看见他这副样子，也不想给他去做饭；父母见他这副样子，也不想与他说话。

苏秦的心里难受极了。他长长地叹了一口气，自言自语地说道："唉，妻子不认我这个丈夫，嫂子不认我这个小叔子，父母也不认我这个儿子，这全是自己不争气造成的啊！"

于是，他又重新开始埋头读书。当天夜里，他把自己几十箱藏书找了出来，从此不分昼夜，刻苦攻读。有时候读着读着就在案头上睡着了。每次醒来，看到时间过去了很多，都十分懊悔，痛骂自己无用，可是一时也找不到合适的办法来制止自己打瞌睡。

有一次，他读着读着又开始打瞌睡了，身子一下扑在了案桌上，放在案上的一把锥子刺痛了他的手臂，使他一下子清醒过来。他看着锥子，眨了眨眼，忽然想出了一个制止自己打瞌睡的好办法，那就是用锥子扎自己的大腿。

此后，每当困意袭来的时候，他就拿起锥子，朝自己的大腿狠扎几下。由于扎得狠，往往是鲜血淋漓。他的家人看了，于心不忍，就规劝他说："你不必这样折磨自己了，只要你痛改前非，就一定可以成功的。"

就这样，苏秦勤学苦读了一年多的时间，才觉得比以前学得深了，能够说服当代的君主了。

经过一番准备，苏秦于公元前 334 年开始游说六国，终于得到了六国君王的重用，并担任了六国的宰相，提出了有名的六国合纵共同抵抗秦国的政策。长沙马王堆汉墓出土的**帛**

书【**专家解疑**：古代写在丝织品上的文字。】——《战国纵横家书》中，就有苏秦的书信和游说辞 16 章。

梁鸿赔身攻读

梁鸿，字伯鸾，西汉扶风平陵（今陕西咸阳）人。在梁鸿很小的时候，父亲就去世了，当时家境窘迫，可是梁鸿求学的志向并没有因贫困而动摇。他读书十分专心刻苦。

后来，随着家境愈来愈贫困，梁鸿不得不到洛阳上林苑一边放猪，一边抽空学习。

一天晚上，他正在烧柴火堆旁就火光专心攻读，由于火星蔓延引起火灾，将邻居家的一间房屋给烧着了。

梁鸿发觉后，立即赶去救火，并主动找到人家说明是自己不小心失火的，愿意赔偿全部损失。对方冷眼看了看梁鸿，用轻蔑【**专家解疑**：轻视；不放在眼里。】的口吻说："你一个穷光蛋，能拿出什么东西赔偿？"

梁鸿想了想，决定把自己放的几头猪赔偿给人家。对方认为赔偿太少了，不

答应。梁鸿没有别的办法可想，最后咬咬牙说："我没有别的财产了，要不就把我的卖身契给你，帮你干活。"主人高兴地接受了。

从此，梁鸿每天做工读书，读书做工。长年累月，从早到晚，从不间断。村子里有一位老人见梁鸿终日勤奋，有毅力，读书做事一丝不苟，看出这个青年人不同一般，日后定有出息。于是，他特意为这事提醒了主人。从此，主人慢慢也对梁鸿产生了好感。

一天，主人把梁鸿叫到跟前，告诉他说可以马上赎身了，而且答应把赔的猪也如数退给他。梁鸿坚持不要猪，只身回家了。

同县有一个叫孟光的女子，长得又胖又黑，外貌十分丑陋，可是性格贤惠，力大无比。家里给她说过许多婆家，都不中意，她决意要嫁给像梁鸿那样的男子。

梁鸿感遇知己，完全不在乎孟光的外貌，欣然登门求婚，结果发现彼此情投意合。但是，从孟光嫁到梁鸿家的第一天起，梁鸿却突然对孟光冷淡起来，成天闷闷不乐，硬是七天没有搭理孟光。

到了第八天，孟光实在不明白是什么原因，便来到梁鸿床前，问自己犯了什么过失。

梁鸿又冷淡、又伤心地说："我原来以为找到你，就遇到了知己，

🔍 好词好句

一丝不苟

* 从此，梁鸿每天做工读书，读书做工。长年累月，从早到晚，从不间断。

* 梁鸿感遇知己，完全不在乎孟光的外貌，欣然登门求婚，结果发现彼此情投意合。

从此以后我们俩志同道合，深居简出，一心为事业而努力。想不到你满身绣衣丽服，油头粉面，竟是个爱打扮的轻浮女子，这难道是我所期望的吗？"

孟光听了反而心里踏实了。她笑着说："我的这身打扮，也是特意为了考验你的志向。"说完，孟光解开了系扎的发髻，换上了原来的布衣，利索地干起活儿来。梁鸿见了大喜，指着孟光说："这才真正是我梁鸿希望的妻子！"

梁鸿和孟光成家后，夫妻恩爱，志同道合，男耕女织，不忘学业。他们在吴国时寄居在一户人家的堂屋下。白天，梁鸿出去帮人家春【专家解疑：把东西放在石臼或乳钵里用杵撞击，使去皮壳或捣碎。】米，妻子在家洗衣做饭，把里里外外安顿得井井有条，不让丈夫为家务事分半点心；晚上，梁鸿用过饭，便埋头在堂屋的油灯下，苦苦攻读。

功夫不负有心人，后来，梁鸿终于成为东汉时期一个很有学问的人，孟光则被后人称赞为一位很贤淑的妇女典范。

🔍 好词好句

志同道合
井井有条
* 想不到你满身绣衣丽服，油头粉面，竟是个爱打扮的轻浮女子，这难道是我所期望的吗？

钟隐卖身为奴

五代南唐时期有位画家叫钟隐，他从小喜欢画画，后经名师指点，自己又刻苦练习，年纪轻轻就成了名。

钟隐成了名以后，家中的宾客络绎不绝，有求画的，有求教的，有**切磋**【**专家解疑**：比喻相互商量、研讨。】探讨画艺的，当然也有巴结奉承的，好不热闹。

要是换了肤浅的人，遇到这种情况，一定会自鸣得意，沾沾自喜，可是钟隐对这一切却无动于衷，每天仍然在书房里潜心作画，除了万不得已，一切应酬的事全让家人代劳。无意之中，连自己的新婚妻子也给冷落了。

钟隐的妻子出嫁前也是个大家闺秀，她在娘家时，就听说钟隐少年得志，很倾慕他的才华。而她自己又长得端庄秀丽。人们都说她和钟隐是郎才女貌，天造一对，地设一双。没想到，嫁到钟家以后，丈夫虽是才华横溢，对自己也很体贴，只是总觉得他对画画比对自己更着迷，心中渐渐有些不快了。

🔎 **好词好句**

自鸣得意
无动于衷
* 无意之中，连自己的新婚妻子也给冷落了。
* 人们都说她和钟隐是郎才女貌，天造一对，地设一双。

一天，钟隐正在画画，他的妻子悄悄走进书房，帮他研墨，钟隐感激地向她点点头，继续作画。妻子几次欲言又止，最后实在忍耐不住，说道："夫君何必自己困扰自己，你已有万贯家财，又有如花似玉的娇妻，自己的才华也受到世人的赞赏，还有什么值得你这样每日辛苦呢？"

钟隐放下手中的笔，从书架上取下一幅画，在妻子面前打开，说道："你看这上面的鸟画得怎么样？"【**名师点拨**：钟隐没有回答妻子的问话，而是让妻子评价一幅画，这不免令人感到奇怪，吸引读者读下去。】

妻子说："我不懂画，说不出门道，不过我觉得那鸟像活了似的，翅膀正在动。"

钟隐又取出另一幅画，打开放在妻子面前，问道："你再看看这幅画怎么样？"

妻子摇摇头说："这怎能跟那幅相比，这鸟画得呆头呆脑，像是贴上去的。"

钟隐把画轻轻卷起，笑着说："谁说你不懂画，你看得很准，只是那第一幅是别人画的，第二幅才是你丈夫画的。虽说在画山水画上我已经有了点儿功夫，可画花鸟还差得远呢，你说，我怎能不练习呢？"

妻子的脸红了，从此她再也不让钟隐辍笔了。

钟隐深知，**自学一年，不如拜师一天**。要想画好，必须有名师指点，才免得走歪路；这样才能事半功倍。他四处打听哪有擅画花鸟的

🎵哲理名言

自学一年，不如拜师一天。

155

名师高手，自己好前去拜师学艺。可是打听了很久，也一无所获，钟隐心中十分烦恼。

这一天，他与故人侯良一起喝酒。喝到酣处，二人的话也就多了。钟隐诉说了自己的苦恼，并问侯良是否能给他引荐个擅画花鸟的名师。

侯良说："这你可找对人了。我的内兄郭乾晖就很擅长画花鸟画。我妻子说，有一次他画的牡丹，竟把蜜蜂给招来了。不过这个人性格古怪孤僻，别说收学生，就连自己画的画儿也轻易不给人看。更怪的是，他画画还总躲着人，怕人家把他的技法偷学去。"

钟隐倒觉得郭乾晖这个人很有意思。他如此保守，必有诀窍。可是怎么才能接近他呢？这倒得费费脑筋了。

钟隐是个倔脾气，什么事只要他想做，就一定要千方百计地做成。他四下打听，听说郭乾晖要买个家奴。他想，这倒是个好机会，我何不扮个家奴，一来可以进郭府，二来可以看到郭乾晖画画。于是钟隐置办了几件奴仆穿的粗布衣服，打扮成仆人的样子，就到郭府应聘去了。

管家对钟隐很满意，又把他带到郭乾晖面前，说道："老爷，您不是想找个伺候您的仆人吗？我看他年轻利索，也聪明，您就留在跟前吧！"

郭乾晖上下打量了一下钟隐，他一身粗布短衫，脚穿大草鞋，像

🔍 **好词好句**

孤僻

＊我看他年轻利索，也聪明，您就留在跟前吧！

个干活的人，可他那张细皮嫩肉、充满聪慧灵气的脸，却与众不同，便问他："你是本地人吗？"

钟隐回答："不是，我本想进京赶考，不料把**盘缠**【**专家解疑**：路费。】全丢了，只好暂时与人为奴，挣够了路费便走。"

郭乾晖暗暗得意："我的眼力不错，果然是个读书人。"接着说道："那好，就留下吧，好好干，我不会亏待你的，但有一样，让你做的你一定做好，不让你做的你绝不许做。"

钟隐满口答应，就这样，他进了郭府。

在郭府，钟隐每天端茶递水，打扇侍候，什么杂活儿都干。他毕竟是富家子弟，一切生活起居从来都是由别人照顾，哪里干过这些粗活，一天下来，累得腰酸腿疼。唯一使他感到安慰的是他看到了一些郭乾晖画的画，那可真是名副其实的上乘之作。

钟隐想尽办法，坚持不离郭乾晖左右，希望能亲眼看见他作画。但每次作画，郭乾晖不是让他去干这，就是让他去干那，想方设法把他打发走。就这样，钟隐虽然卖身为奴，还是没有看到郭乾晖作画。

一连两个月过去了，钟隐还是一无所获，几次他都产生了离开的念头，但心中又总是有一线希望使他留下来。【**名师点拨**：钟隐卖身为奴是为了能学习到郭乾晖画花鸟的技巧，因此这里所说的希望就是就这件事而言的。】

再说钟隐的家里。钟隐卖身为奴去学画的事情谁也没有告诉，连他的妻子也只知道他是出远门，去会朋友。钟隐毕竟是个名人，每日高朋满座。可这些日子，朋友来找他，家人都说他出门了。问去哪儿了，又都说不知道。

一次两次，可以搪塞【**专家解疑**：敷衍塞责。】过去，时间一长，人们就起了疑心。最后连家人也疑心重重，特别是钟夫人，非要把他找回来不可。

一天，郭乾晖外出游逛，听人家说名画家钟隐失踪了两个月了。连家人也不知他去了哪儿。再听人家描述钟隐的岁数和相貌，郭乾晖觉得这个人好像在哪儿见过。细一想，想起来了，跟家里的那个年轻的人相像，他也正好来家里两个月。

"怪不得他总想看我作画呢！"郭乾晖恍然大悟，"不过他倒真是个好青年，能带这样的学生，是老师的幸运。我也就后继有人了。"

郭乾晖急急忙忙地跑回家，把钟隐叫到书房里，说道："你的事情我全知道了。为了学画，你不惜屈身为奴，实在使老夫惭愧。我多年来不教学生，自有我的道理，今天遇到你这样虚心好学的青年，我也不能不破例，将来你会前途无量的。"

钟隐终于以执着的求学精神感动了郭乾晖，名正言顺地成了他的学生。郭乾晖把自己多年的体会和技艺毫无保留地传授给了钟隐。

🔍 **好词好句**

急急忙忙

* 为了学画，你不惜屈身为奴，实在使老夫惭愧。
* 钟隐终于以执着的求学精神感动了郭乾晖，名正言顺地成了他的学生。

王羲之知错拜师

王羲之字逸少，是东晋时期著名的书法家，有"书圣"之称。王献之是王羲之第七子。

王献之自幼跟父亲学书法，7岁时他对父亲说："我的字再写3年也就行了吧？"王羲之对他说："你能写完18大缸的水，你的字才能站稳脚跟。"

3年后，王羲之见儿子的书法有了进步，但见他开始自满，心中十分担心。有一次，王献之和朋友举行一场书法比赛，请王羲之评判。会后，这些少年问王羲之："先生【**专家解疑**：对知识分子和有一定身份的成年男子的尊称（有时也尊称有身份、有声望的女性）。】年轻时曾拜何人为师？"

"我最初有两位老师，第一位是我的母亲，叫卫夫人，你们都知道。第二位老师是做饺子的女师傅。"王羲之说着向众人讲了自己拜师学艺的一段故事。

17岁时，王羲之在母亲卫夫人的指点下书艺大有长进，**笔锋**【**专家解疑**：①毛笔的尖端。②书画的笔势；文章的锋芒。】初露，震惊了方圆百里，许多人赶来请他题字，写对联。王羲之少年得志，有些飘飘然起来。

一天，他经过一家饺子铺，看见门楣上写着"鸭儿饺子铺"，门的

159

两边写着："经此过不去，知味且常来。"

王羲之看到这 10 个大字写得毫无骨力，结构又差劲。心想："是谁写出这种字来献丑？"正想转过身去，腹中感到饥饿，又见店内食客满座，就走了进去。

王羲之见矮墙边有一口大锅，锅内沸水翻滚。只见一个个饺子从墙上飞来，不偏不倚个个都落入大锅的中央，十分准确。他看得惊呆了。

王羲之坐下招呼伙计，不久伙计端上一大盘水饺，只见水饺个个玲珑精致，活像浮在水面的游鸭。再尝尝饺子，鲜美可口。不一会儿他便把一盘水饺吃下肚去。

付账后，王羲之问店主在哪里，伙计指了指矮墙那边。他看见一位白发老太坐在一块大面板前独自擀饺子皮，包饺子，动作利索娴熟，不一会儿一批饺子包好。只见她一边与伙计讲话，一边随手把一只只饺子抛出墙外，连看都不看一眼。

王羲之惊叹不已，欠身问道："敢问老妈妈，你学了几年才练成了这功夫？"

"熟则五十年，精深要一生。"白发老太回答说。

🔍 好词好句

鲜美可口
娴熟
* 只见一个个饺子从墙上飞来，不偏不倚个个都落入大锅的中央，十分准确。
* 只见水饺个个玲珑精致，活像浮在水面的游鸭。

王羲之听了，心想，自己学写字不过十几年就自满起来，好不应该，不觉脸上一阵发热。"贵店的饺子果然名不虚传，但门口的对联为什么不请人写得好一点儿？"

那老太一听，生气地说："你这位相公有所不知，我何尝不想请名人写副对子，只是像王羲之那种人架子太大，学了不到我这功夫的一半时间就眼睛抬上脑门，哪里会瞧得起我这店铺？我看他的那点功夫还比不上我这扔饺子功夫的一半深呢！"说完只顾做饺子，连看也不看王羲之一眼。

王羲之听了这番话，面红耳赤。【**名师点拨**：王羲之听了白发老太的话，内心受到触动。他为自己的自高自大而感到羞愧，这是他面红耳赤的原因。】

第二天，他亲自把为饺子铺写好的一副对联送到白发老太手中。白发老太收了这副对联，见来人便是王羲之，不好意思地说："昨天不知王相公到来，言语失敬了，还请王相公原谅！"

王羲之回答说："师傅给学生讲的一番话，真是胜读十年书啊！您老就是我的师父，请受学生一拜。"

🔍 **好词好句**

名不虚传

＊只是像王羲之那种人架子太大，学了不到我这功夫的一半时间就眼睛抬上脑门，哪里会瞧得起我这店铺？

囊萤映雪夜读

车胤，字武子，晋代南平（今湖北公安）人。车胤的祖父车浚在三国时期做过东吴的会稽太守。因灾荒请求赈济【**专家解疑**：用钱或衣服、粮食等救济（灾民或贫困的人）。】百姓，被昏庸的吴主孙皓下令处死，此后车胤的家就一贫如洗了。到了车胤这儿，他立志苦读，广泛涉猎各种知识。

车胤家贫没钱买灯油，为此，他只能利用白天这个时间看书，背诵诗文。

夏天的一个晚上，他正在院子里背一篇文章，忽然见许多萤火虫在低空中飞舞。一闪一闪的光点，在黑暗中显得格外耀眼。

车胤脑中灵光一现，他想，如果把许多萤火虫集中在一起，不就成为一盏灯了吗？于是，他去找了一只白纱布口袋，又接着抓了几十只萤火虫放在里面，再扎住袋口，把它吊起来。

萤火虫发出的光透过薄纱布，照射出来，虽然不怎么明亮，但可勉强用来看书了。车胤借着这特制的萤火虫照明灯发

出的微弱的亮光，夜以继日地苦读。

从此，只要有萤火虫，车胤就去抓一把来当灯用。由于他勤学苦练，终于成了一个很有学问的人。车胤做过吴兴太守、辅国将军、户部尚书等官职。

与车胤同时代有个人叫孙康，他自幼聪敏好学，但是家中一贫如洗，既没有上学就读的机会，甚至连在家里挤点儿时间学习，都不可能。因为他白天要帮着家里干活，从早晨一直到太阳下山，都没有空闲时间。

孙康并不甘心就这样服服帖帖当时间的奴隶，他觉得自己年纪轻，精力旺盛，只要有学习的决心，总会挤出时间来的。于是，他开始利用夜间读书。

读了一段时间以后，觉得晚上读书还真不错，夜间不仅没活干，而且寂静无声，读书最容易专心。可是，问题又来了。每天夜间读书，必须得点油灯，往往读一个晚上的书，就要用去一盏灯油，而家里那样困难的经济条件，一个月哪能买得起这么多灯油呢？

孙康完全懂得这种困难处境，因此，每当灯油用干以后，他便静静躺到床上，在床上背书和默记书中的要领。一年冬天，天气格外寒冷，三天两头下大雪。

___

好词好句

勤学苦练
寂静无声
*孙康并不甘心就这样服服帖帖当时间的奴隶，他觉得自己年纪轻，精力旺盛，只要有学习的决心，总会挤出时间来的。

一天夜里，孙康盖着薄被正蜷曲在床上，面对北风呼啸的窗口又在背书，突然发现窗口越来越明亮，他甚至怀疑是到了快要出太阳的时候了，等披衣出门一看，原来是下了大雪，白雪把窗口映亮了。

孙康心里想：既然白雪映亮窗口，那一定也可以用积雪照着读书吧。【**名师点拨**：孙康将心思都放在了读书上，见到积雪映窗，不由得想起了映雪读书，可见他对读书的渴望和迫切。】想到这里，他便捧起书跑到门外，一个人蹲在雪地里，借着积雪映出的微弱亮光来读。

孙康蹲在雪地里读书，虽然身上衣衫单薄，但由于他专心致志，注意力在书上，对于刺骨的寒冷他全然不觉，一直到了深更半夜，还在聚精会神地读着。

从这以后，只要有积雪，他就去映雪读书，虽然说"穷人怕过三九天"，可是孙康却迫切盼望着每年冬天的到来，盼望下大雪。

🔍 **好词好句**

深更半夜
聚精会神
＊从这以后，只要有积雪，他就去映雪读书，虽然说"穷人怕过三九天"，可是孙康却迫切盼望着每年冬天的到来，盼望下大雪。

功夫不负有心人，由于孙康刻苦学习，终于事业有成，最后成为一个很有学问的人，并当上了御史大夫。

刘恕惜时苦读

在我国北宋时期，有一位著名的历史学家，名叫刘恕。他出生在筠州（今江西高安）的一个贫苦人家，自幼就有爱学习的习惯，惜时发奋，不畏艰辛。

他为了钻研各朝历史，总把吃饭和睡觉的时间挤到不能再少的限度。白天，他埋头读书时，家里人喊他吃饭，他也舍不得放下书，直到饭菜都冷了，别人都吃完放碗了，他还在入神地读书，根本不觉得肚子有饿的感觉。

到了夜间，他在油灯下读书，一读就要读到夜深人静时，才肯上床。上床以后，他往往还在思考着古往今来各朝历史的兴衰变化，他这样越思考，就越觉得需要弄清楚的问题越多。有时身子躺在床上，而脑子却在通宵达旦、彻夜不眠地工作着。

刘恕由于生活艰难，根本没有钱买书，因此，家中藏书少得可怜，而研究历史又正需要多读书，熟悉各方面史实，掌握大量资料，进行比较和取舍。

为了弥补这个客观上的不利条件，他只好到处求朋友借书读。一次，刘恕得到一个学者的允许，同意他到家中去自己挑书读。他刚一迈进书房，就被那琳琅满目的书籍给迷住了。他先翻翻这本，又弄弄那卷，本本卷卷，都爱不释手，恨不得一口气把所有的书都读完。

他在朋友家的日子里，非常珍惜自己好不容易才碰到的这样一个进书库的机会，抓紧一切时间，边读边抄。

为了节省时间，他白天顾不上离开书房吃饭，晚上就在书房睡觉，除读书、抄书以外，简直忘记了一切。【**名师点拨**：这段描写突出了刘恕如饥似渴读书的情形，起到了强化人物形象的作用。】

就这样，刘恕在书房里昼夜不停地阅读和抄录了十多天时间，直到把需要的资料都读完、抄完，才走出书库。这时，刘恕的双眼已经熬得通红，身体也瘦弱了，可是，他有一种从未有过的高兴。因为，通过这十多天的苦读，他的学问又有了新的长进。

刘恕对史学的研究，尤其对于魏晋以后各朝史实的精深研究，使他很快扬名于整个史学界。

当时朝廷大臣、著名史学家司马光邀请刘恕同他一起编撰《资治通鉴》。**等到所有参加编撰工作的人员全部到齐后，司马光亲自主持召**

🔎 **好词好句**

琳琅满目

* 他先翻翻这本，又弄弄那卷，本本卷卷，都爱不释手，恨不得一口气把所有的书都读完。

开全体会议，他首先当众介绍了刘恕的才学，并且通知大家，在编撰《资治通鉴》的过程中，凡是遇到问题的时候，都由刘恕做最后处理。

【**名师点拨**：正是由于刘恕对史学研究的精深，司马光才对其委以重任。】

除此以外，为了充分利用多年辛勤积累的资料，写出更多的历史著作，刘恕在贫病交加的晚年，自己又独自编写了《通鉴外纪》《五代十国纪年》等著作。

这些著作丰富的学术内容和大量第一手资料的运用，都是我国史学著作中极为出色的，而这些又正是刘恕一生刻苦钻研的结果。

李时珍编《本草纲目》

1518年，李时珍出生在蕲州东门外瓦硝坝。李时珍从小身体多病，幸亏他父亲是位医生，精心给他调治，身体才好起来。他对父亲特别崇敬。

青年时代的李时珍考试得中秀才【**专家解疑**：①明清两代生员的通称。②泛指读书人。】之后，又去考举人，三次应试都失败了。从此，他不再应考，立志跟着当大夫的父亲学医。

李时珍当了医生以后，发现前人整理的药书有不少错误。庸医根据这样的药书给人治病，经常医死人。比如，有一个大夫错把狼毒当成防葵，另一个医生把勾吻当成黄精，结果都治死了人。医生固然有责任，但李时珍一查，原来古代的药书把这几种药材都记错了！

这件事对李时珍触动很大，从此，年轻的李时珍立下宏伟的志愿，决心重新修订古代传下来的医药大全——《本草》。这是件极为复杂的工作。幸亏李时珍有一位医术高明、德高望重的父亲，他有什么不明白的问题，都虚心向父亲请教。

一天，李时珍问父亲："书上记载白花蛇身上有 24 块斜方块花纹，是真的吗？"

父亲笑着对他说："咱们蕲州这个地方就出白花蛇，你去凤凰山捉一条，不就知道了吗？"李时珍心想："对呀，父亲虽然经验丰富，也不是事事都亲身经历过呀，自己还年轻，为什么不可以进山捉一条白花蛇呢？"

李时珍请了一个专门捕蛇的人随同自己一起进山。他俩进了凤凰山，很快捉到了一条白花蛇。李时珍一看，白花蛇身上果然有 24 块斜方块花纹。

李时珍遵循父亲的教导，通过实践得出真知，这种办法十分可靠。他为了得到更多书上见不到的知识，决定到各地游历。他先后到过河南、河北、江苏等地，牛首山、天柱峰、茅山等地也都留下过他的足迹。

【名师点拨】：李时珍通过自己上山捕蛇这件事更加清楚了实践出真知的道理，

🔎 好词好句

德高望重

* 这件事对李时珍触动很大，从此，年轻的李时珍立下宏伟的志愿，决心重新修订古代传下来的医药大全——《本草》。

因此，他开始了漫长的实地考察。】

一次，李时珍听说扬州的太和山上有一种很稀奇的果子叫榔梅，人吃了能长寿。他为了弄个水落石出，亲自上了太和山，在山间的一座破庙里休息，他一边擦汗一边向看庙的老头儿请教："这山中可产榔梅？"

"你想采榔梅，那是仙果，可不能去采啊！"老头儿说，"正面山路上皇上派兵守着！"

李时珍哪里肯听！他向老人问清了上山的小路，摸进了山中，采到了榔梅。【名师点拨：这段描写突出了李时珍重视实践的求知态度。】他仔细辨认了一下，发现榔梅不过是一种榆树类的果实，根本不是什么吃了能长寿的仙果！

在李时珍38岁那一年，皇帝命令各地官府把全国各地的名医推荐到太医院，李时珍也被推荐进京。李时珍根本不愿进京当太医，当他听说在太医院里可以看到许多在民间看不到的医药书籍，才进京任职的。

李时珍在太医院里饱览了各种药书，增长了不少知识。看够了，他提出来辞职回家。在一般人看来，李时珍是个大傻瓜！其实，他才不傻呢！他不愿意在京做官，是要回家修订《本草》这本巨著！

路上，在经过一个驿站【专家解疑：古代供传递政府文书的人及往来官员中途更换马匹或休息、住宿的地方。】的时候，他见一个赶车的老车夫把一种粉红色的花放到锅里煮。李时珍问道："老伯,煮这花做什么？"

车夫说："我们赶车的筋骨容易得病，经常煮点儿旋花汤喝，可以治疗筋骨病。"

李时珍高兴地把老车夫的话记下来。他无限感慨地说："想不到我从老百姓口中得到这么多有用的偏方啊！谢谢您，老伯！"

回到家中，李时珍率领着徒弟们经过 37 年的辛勤工作，从几百万字的笔记中整理出一百多万字的医学巨著，这部巨著就是《本草纲目》。

这本举世闻名的药书不仅倾尽了李时珍毕生的心血，也凝聚着数千年来劳动人民智慧的结晶。

董沄拜"忘年师"

董沄是明代文学家，以擅长写诗闻名江湖。嘉靖三年，董沄 64 岁的时候，到会稽山游历【专家解疑：到远处游览。】。这天早晨，他刚走到山腰，便见许多人急匆匆地往山上走。董沄很奇怪，问一个年轻人："你们急匆匆的，是上哪儿去呀？"

"我们是到山上听阳明先生讲课。"年轻人说完，就急急地走了。

王守仁是明代的大哲学家、大教育家，也称阳明先生，他的哲学思想带有明显的反传统色彩。对于这些董沄早有耳闻，不过他究竟主张什么，董沄并不知道。

🔍 好词好句

无限感慨

＊这本举世闻名的药书不仅倾尽了李时珍毕生的心血，也凝聚着数千年来劳动人民智慧的结晶。

董沄心想："如今社会风气这么坏，人人追名逐利，清高的文人学士莫不如此，我倒要听听这王先生会讲出什么新词来。"

董沄沿着山道向上走，因为他年老体弱，走得慢，待他走到王守仁讲学的草堂时，那里已经开始上课了。

草堂坐北朝南，四合的院落，正厅的门敞开着，屋子地上铺着竹席。几十个年轻学子席地而坐，一位50岁左右的中年人坐在中间，滔滔不绝地讲着。

董沄不便进屋打扰，便在窗外的檐下不声不响地坐下，静静地听了起来。王守仁口若悬河，上起远古，下及当今，旁征博引，在座的人听得鸦雀无声。

🔍 好词好句

年老体弱
不声不响
*几十个年轻学子席地而坐，一位50岁左右的中年人坐在中间，滔滔不绝地讲着。
*王守仁口若悬河，上起远古，下及当今，旁征博引，在座的人听得鸦雀无声。

王守仁认为，万事万物之理不外于人的心，心明便是天理，所以为学"唯求得其心"，就像种树一样，心是树根，学习就像培土、灌溉、锄草、扶植，学习的目的是对心施加影响，反求于心起作用。而对儿童的教育也是如此，有的人将孩子鞭打绳缚，就像拘禁囚犯一样，这样做不仅达不到教育目的，反而会伤害孩子的内心。王守仁主张应使孩子受到鼓舞，使他心中喜悦，而自然而然地达到教育的目的。

这些理论让董沄听得入迷，时间过得很快，不知不觉讲课结束了，学生陆续地走了，只有董沄还坐在那里回味着王守仁的话。【名师点拨：听课的学子都离去了，只有董沄还坐在那里回味着刚才所讲的内容，可见那些言论对董沄有着非常大的影响。】

王守仁走了出来，看见一个白发老先生竟坐在檐下听自己讲课，非常不安。赶忙把董沄请进屋里坐下，二人攀谈起来。

董沄真诚地对王守仁说："我看现在的学者或者散乱而无条理，或者过分修饰而如同偶人。而更有甚者是那些贪得无厌的人，在他们看来'人为财死，鸟为食亡'，贪得无厌，整日争夺于名利之场。我真怀疑是否还有圣贤之学。今天听了您讲的道德修养学说，就感到像大梦初醒一样。"

二人越谈越投机，不觉天已渐渐地暗了下来，董沄恋恋不舍地与

🔎 好词好句

贪得无厌
恋恋不舍
＊今天听了您讲的道德修养学说，就感到像大梦初醒一样。

王守仁告别，下了山。回到家，董沄的心里总是想着会稽山上与王守仁恳谈的情景，对王守仁十分钦佩。心想，虽然他比自己年轻，可是无论道德还是学问的修养，王守仁都远远超过自己，如果不能到他的门下去学习，真是虚度此生了。于是董沄挑着一担谷子，作为给老师的晋见礼，到王守仁家去拜师。

王守仁哪肯应。他当时仅53岁，比董沄小10多岁，他说："天下哪有弟子比老师年岁还要大的？我实在不敢当呀！"

可是董沄也不肯罢休，他说："当年孔子不惜拜几岁的儿童为师。在学问上无长幼之分，不管你肯不肯接受，师我是一定要拜的。"说着，当场就行了初拜尊长的大礼。

董沄的朋友们听到这件事，很不理解，都劝董沄说："你已经老了，何必再自讨苦吃呢？"董沄笑着回答说："我拜阳明先生为师，才能真正地脱离苦海呀！"

除夕这一天，雨雪交加。董沄想，"**每逢佳节倍思亲**"，在这除夕之夜，老师一人在家，一定非常孤独。于是，他不顾家人的劝说，打起铺盖离开家，冒着风雪，到了王守仁那里，与老师一起在书舍守岁。

🔒哲理名言

每逢佳节倍思亲。

名家品评

《论语·述而》中讲道："子曰：三人行，必有我师焉。"连大圣人都有此谦虚好学之心，何况一般人。知识是浩如烟海的，是永远都学不完的，因此我们要不断学习。而学习要做到"求知若饥，虚心若愚"，就是必须用初学者谦虚的自觉，饥饿者渴望的求知态度来学习知识。只有这样才能学到真知，也才能取得更大的进步。文中的这些求知、求教的故事，都很好地说明了这一点，让人感悟颇深。

阅读思考

1. 苏秦刺股读书的态度给我们什么启示？
2. 钟隐卖身为奴的根本目的是什么？
3. 从哪些地方可以看出董沄是真心拜师？

重点测试

ZHONGDIANCESHI

一、填空题

1._____为了治理水患，三过家门而不入。

2._____宁死不肯磕头给湖阳公主认错，由此得了一个封号："强项令"。

3."千锤万击出深山，烈火焚烧若等闲。粉身碎骨浑不怕，要留清白在人间。"的作者是_____。

4.俞伯牙在钟子期的坟前，最后一次弹起琴曲_____，然后在青石上将琴摔碎。

二、选择题

1."不为五斗米折腰"说的是（　　）。

A.陶潜　　　　　　　　B.董宣

C.管仲　　　　　　　　D.梁鸿

2."苏武在匈奴，十年持汉节。白雁上林飞，空传一书札。牧羊边地苦，落日归心绝。渴饮月窟水，饥餐天上雪。 东还沙塞远，北怆河梁别。泣把李陵衣，相看泪成血。"这首诗是（　　）的作品。

A. 于谦　　　　　　　B. 文天祥

C. 李白　　　　　　　D. 钟隐

3.（　　）保护公子小白最后当上了齐国的国君。

A. 廉颇　　　　　　　B. 管仲

C. 鲍叔牙　　　　　　D. 羊角哀

4. 董沄拜的"忘年师"是（　　）。

A. 王守仁　　　　　　B. 朱熹

C. 陆九渊　　　　　　D. 王艮

三、判断题

1."宰相肚里能撑船"讲的是吕蒙正的故事。　　　　　　（　　）

2. 楚怀王死后，屈原重新得到了重用。　　　　　　　　（　　）

3. 在道光皇帝的淫威下，林则徐最终屈服了。　　　　　（　　）

4. 为了报私仇，泄私愤，陈寿没有公正地写《诸葛亮传》。（　　）

5."映雪夜读"说的是孙康刻苦读书的故事。　　　　　　（　　）